> 使えるフレーズ満載!

All Englishでできる
アクティブ・ラーニングの英語授業

山本崇雄

学陽書房

はじめに

Enjoy making mistakes!「間違いを楽しもう!」

　これが、「英語で行う」授業で、先生にとっても、生徒にとっても一番大切な心構えです。僕は、「英語で行う」授業は生徒と間違いを楽しみながら、ともに成長できる場だと考えています。少し気を楽にして読み始めていただけたら嬉しいです。

　英語の先生は、今やとても多くのことを求められています。英語の授業は「英語で行う」ことだけでなく、生徒主体のアクティブ・ラーニングの授業も求められ、授業のあり方を大きく見直している先生も多いのではないでしょうか。2020年の東京オリンピックに向け、グローバル化に対応した政策も英語の先生に矛先が向いています。特に、「英語で行う」授業に難しさを感じている先生も少なくないと思います。

　僕自身も教師になりたての頃は、授業を「英語で行う」ことなど思いもしませんでした。生活指導に追われ、授業準備もままなりません。「楽しい」授業を漠然と目指し、授業は日々試行錯誤の連続です。そんな中、勤務先の地区で英語の研究授業が行われ、驚きの光景を目にします。普通の公立中学校の1年生がAll Englishの授業を全員目を輝かせながら生き生きと学んでいたのです。中学校1年生には「英語で行う」授業は無理だと決めつけていた僕には衝撃の光景でした。僕もあのようなAll Englishの授業ができるようになりたいと強く思い授業改善を始めました。

　しかし、「英語で行う」授業を受けたことのない僕にとって、この改善は簡単ではありませんでした。そこで、僕は2つのことを始めました。1つは、できるだけ多くの「英語で行う」授業の見学、もう1つは、授業で自分が話す英語（Teacher Talk）の台本作りです。見よう見まねで、授業で使える英語の表現を増やしていきました。そし

て、教師になって10年目、全英連東京大会（2003年）で1000人の参観者の前でモデル授業をする機会に恵まれました。その大舞台でごく普通の公立中学校の1年生とAll Englishの授業を披露することができるようになったのです。生徒たちも生き生きと学んでくれました。

　しかし、この時、モヤモヤとした目に見えない課題を感じていました。このモヤモヤはなかなか晴れませんでした。その課題が何かを教えてくれたのが2011年の東日本大震災です。ゼロから立ち上がる人々の強さを見て、自立とは何かを考えさせられました。そして、僕の授業には生徒を自立させるという観点が抜けていたと気づいたのです。つまり、それまで僕がやっていたのは、教師が主導するAll Englishの一斉授業だったのです。

　そして、生徒が主体的に学ばなければ、自立した学習者を育てることはできないと考え、自分の授業スタイルを大きく変えました。それが「英語で行う」アクティブ・ラーニングの授業です。

　このように僕の授業が大きく変わった2011年、この年、附属中に入学してきた生徒たちを高校3年生まで6年間受け持つことができました。**本書ではこの6年間のアクティブ・ラーニングの活動を取り上げ、「英語で行う」ための表現をコンパクトにまとめました。誰でもすぐに取り入れられるように、活動ごとにまとめ、活動の手順も丁寧に解説しました。**本書を使えば、中学校1年生から高校3年生まで「英語で行う」アクティブ・ラーニングの授業を行うことができます。取り組みやすそうな活動から取り入れていただき、生徒とともに間違いを楽しみながら授業をつくっていただければ幸いです。

　最後に、英文を丁寧に校閲していただいたMark Phippard先生（イギリス出身）、Stephanie Swanson先生（アメリカ出身）、Julian Boone先生（アメリカ出身）に心から感謝の気持ちを送りたいと思います。

2016年11月

山本 崇雄

本書の使い方

❶ 本書では、生徒のアクティブ・ラーニングを促す様々な活動の方法を紹介しています。
自分がやってみたい！　と思う活動を選んでぜひトライしてください！

❷ 1つ1つの活動は、本書の英文フレーズを、そのままの順で使えば、生徒への指示がうまくいくようになっています。参考にしてください。

❸第7章は生徒が覚えておくと、生徒自身が授業中に活動する際、使いやすい英文フレーズを集めました。コピーして生徒に渡しておくと便利です！

❹All Englishのアクティブ・ラーニングの授業を、生徒が楽しく取り組めるようにするコツも、様々に紹介しています。本書があなたの授業に役立つものになりますように！

本書の内容へGO！

もくじ

使えるフレーズ満載！
All Englishでできる
アクティブ・ラーニングの英語授業

はじめに ……………………………………………………………………2
本書の使い方 ………………………………………………………………4

第1章 はじめてみよう！All Englishのアクティブ・ラーニング授業

1　なぜ英語の授業は英語で？ …………………………………… 14
2　なぜアクティブ・ラーニングの活動をするのか？ ……… 16
3　アクティブ・ラーニングの授業とはどんな
　　イメージの授業なのか？ ……………………………………… 18
4　英語を英語で理解できる生徒が育つ！ …………………… 20
5　英語で授業を受けるのを難しく感じる
　　生徒にどうすればよいか？ …………………………………… 22
6　教師自身が英語で授業するのが難しいと
　　感じる時は？ …………………………………………………… 24

第2章 どんな授業にも使える！基本フレーズと授業のコツ

1　スムーズな授業導入になる挨拶・出欠の確認 ………… 28

- 2 カンタンに導入に使えて応用も利く「今日は何の日？」……30
- 3 アクティブ・ラーニングの目標・ルールの確認……32
- 4 授業での基本的な指示……35
- 5 生徒へのフィードバックが重要！……40

第3章 授業導入に使える！かんたんアクティビティ

- 1 **ウォームアップの活動1**
  学んだ単語を"見える化"する「辞書引きビンゴ」……44
- 2 **ウォームアップの活動2**
  生徒が話したくなる「スモールトーク」……47
- 3 **ウォームアップの活動3**
  文法もラクラクマスター「たてよこドリル」……50
- 4 **ウォームアップの活動4**
  ペアで楽しくできる単語集を使った活動……53
- 5 **授業導入に使える復習の活動1**
  絵を使って教科書の内容を振り返る……56
- 6 **授業導入に使える復習の活動2**
  内容がさらに頭に入る「ペアで行う音読活動」……59
- 7 **授業導入に使える復習の活動3**
  自分で、ペアで、楽しく「シャドーイング」……62
- 8 **授業導入に使える復習の活動4**
  読むのが速くなる！「クレジットロールリーディング」……64

アクティブ・ラーニングの活動の進め方と基本フレーズ！

1 アクティブ・ラーニング授業の進め方について ……… 68

2 ALの基本的な活動1
自分の考えが言えるようになる「Think-Pair-Share」… 70

3 ALの基本的な活動2
メンバー同士で協力し合う！「ジグソー法」……… 72

4 ALの基本的な活動3
ペアがどんどん入れ替わる「席替えの指示」……… 76

5 ALの基本的な活動4
クラスの学びが"見える化"できる
「ミニッツペーパー」……… 78

6 教科書本文を学ぶ1
自然に初見の英文に触れる「Guess Work」……… 81

7 教科書本文を学ぶ2
リラックスして読むことを楽しむ
「ファイヤープレイスリーディング」……… 84

8 教科書本文を学ぶ3
協力して内容をつかむ「ジグソー法」……… 86

9 教科書本文を学ぶ4
内容を英語の語順で理解する
「サイトトランスレーションシート」……… 88

10 教科書本文を学ぶ5
サイトトランスレーションの利用1
イメージがつかめる「Picture Drawing」……… 90

11 教科書本文を学ぶ6
サイトトランスレーションの利用2
シートを利用した発音の学び方 ……… 92

- **12** 教科書本文を学ぶ7
  サイトトランスレーションの利用3
  素早い反応を育てる「クイックレスポンス」……… 94

- **13** 教科書本文を学ぶ8
  サイトトランスレーションの利用4
  暗唱につながる「Read and Look up」……… 96

- **14** 教科書本文を学ぶ9
  サイトトランスレーションの利用5
  耳と書くことがつながる「Dictation」……… 98

- **15** 教科書本文を学ぶ10
  全員の理解が深まる「Question Answering」……… 100

- **16** 教科書本文を学ぶ11
  AL授業の醍醐味！「Question Making」……… 102

- **17** 教科書本文を学ぶ12
  プレゼン力が伸びる「Oral Presentation」……… 104

- **18** 教科書本文を学ぶ13
  協力して内容を深める「ポスターツアー」……… 106

- **19** 教科書本文を学ぶ14
  書く力をつける「Story Writing of the Picture」……… 108

- **20** 教科書本文を学ぶ15
  英語で議論しよう！「ディベート」と「ディスカッション」… 110

第5章 文法とライティングを学ぶためのアクティビティと基本フレーズ！

- **1** アクティブ・ラーニングで文法と
  ライティングをどう学んでもらうか？……… 114

- **2** 文法を学ぶ1
  教師とのやり取りで学ぶ……… 116

3	文法を学ぶ2 会話の中で学ぶ	118
4	文法を学ぶ3 例文を集めて学ぶ「My Phrase Notebook」	120
5	文法を学ぶ4 ワークシートを作成する	122
6	文法を学ぶ5 協力して完成させる「Paper-go-around」	124
7	文法を学ぶ6 コンピュータを使った活動で学ぶ	126
8	ライティングを学ぶ1 ゲームで楽しく書く「Word Relay」	128
9	ライティングを学ぶ2 みんなで完成させる！「Story Making」	130
10	ライティングを学ぶ3 論理的にまとめられる！「OREO Writing」	132
11	ライティングを学ぶ4 モデルがあると生徒は書きやすくなる！	134
12	ライティングを学ぶ5 みんなで見て回ろう「Gallery Walk」	140

第6章 定期考査や振り返りに使える基本フレーズ！

1	定期考査などテストの振り返り	144
2	入試問題に挑戦1 入試問題でプレゼンテーション	146

3 入試問題に挑戦 2
　　入試問題でスキット作り ……………………………………… 148
4 定期考査や小テストに使える表現集 …………………… 150

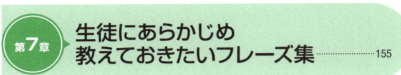

第 **7** 章　生徒にあらかじめ
　　　　　　教えておきたいフレーズ集 ………………… 155

本書の英文フレーズの読み方

授業を始めます。	I'll start <u>class</u> / <u>the lesson</u>, now.

このように下線のついている単語は、入れ替え可能な単語として読んでください。

第1章

はじめてみよう！All Englishのアクティブ・ラーニング授業

なぜ英語で授業をしなければならないのでしょうか？ 英語のアクティブ・ラーニングって何？ こういった疑問に答えていきながら、英語で行うアクティブ・ラーニングの授業を提案します。

1 なぜ英語の授業は英語で？

英語の授業は英語で

　文部科学省は「グローバル化に対応した英語教育改革実施計画」（平成25年12月）で、中学校の英語の授業も「英語で」行う方針を示しました。すでに「英語で」行うことになっている高校の授業も、より高度な内容（発表、討論、交渉など）を求めています。2020年の東京オリンピックを見据え、グローバル化に対応した教育環境づくりを進めていく計画です。

　しかし、現場では「英語で」授業を行うことへの不安や誤解も見受けられます。どのように「英語で」授業をすればよいのかという不安や、これまでの日本語の説明をすべて英語に置き換えなければならないといった誤解です。中には難解な文法の説明を英語で行い、生徒がほとんど理解できない授業も見かけます。

　それでは、「英語で」授業を行うことの目的は何でしょうか。本書では、英語を「コミュニケーションのツール（道具）」ととらえ、グローバル化した社会で、英語を使い活躍できる人材を育てることを目的として、「英語で」行う授業を提案していきます。

　具体的には、次の2点を重視したアクティブ・ラーニング（AL）の英語授業です。

①**英語の「学び方」を能動的に英語で学ぶ活動**
②**英語を使って多様な考え方を能動的に学んだり、自分の考えを表**

現したりする活動

　これらの活動を「英語で」行うための表現を場面ごとにまとめました。本書で紹介する活動と表現を使っていくと、今求められているアクティブ・ラーニングの授業が行えるようになります。

英語で授業を行うために

　日本語に囲まれた日本の学校生活で、「英語で」行われる英語の授業はある意味異空間になります。スムーズに英語の世界に生徒たちを迎え入れるには、挨拶から自然に英語を使う雰囲気をつくりましょう。

　例えば、英語専用の教室を作ると、掲示物などを工夫することができます。普通教室で授業する場合でも、休み時間から英語の歌を流すなど自然に「英語で」行う授業へ切り替えられるように雰囲気をつくっていきましょう。

　生徒は、慣れるまでは、「英語で」行われる授業に戸惑いを感じるかもしれません。新しい言語ですから、100％理解できずストレスに感じることもあるかもしれません。そんな時、教師は日本語を使って生徒のフォローをしたくなるでしょう。しかし、日本語で説明すると生徒は、「先生はわからないと日本語で説明してくれるんだ」と日本語に頼るようになり、教師の英語を聞かなくなります。

　ですから、生徒が「英語で」理解できる活動を繰り返しながら、慣れさせていくことが大切です。もし、「英語で」説明するのが困難な、複雑な活動は、「英語で」行う授業にはふさわしくありません。**本書で紹介する活動はどれもシンプルな活動ですから、「英語で」行うことができます。**核になる活動を英語で行い、生徒が能動的に英語を学ぶ環境を粘り強くつくっていきましょう。

2 なぜアクティブ・ラーニングの活動をするのか?

何のためのアクティブ・ラーニングか

　文部科学省はアクティブ・ラーニングについて、「教員による一方向的な講義形式の教育とは異なり、学修者の能動的な学修への参加を取り入れた教授・学習法の総称。学修者が能動的に学修することによって、認知的、倫理的、社会的能力、教養、知識、経験を含めた汎用的能力の育成を図る。発見学習、問題解決学習、体験学習、調査学習等が含まれるが、教室内でのグループ・ディスカッション、ディベート、グループ・ワーク等も有効なアクティブ・ラーニングの方法である」※としています。

※「新たな未来を築くための大学教育の質的転換に向けて～生涯学び続け、主体的に考える力を育成する大学へ～」(答申) の用語集より

　ここで方法として挙げられている「グループ・ディスカッション、ディベート、グループ・ワーク等」はこれまでも英語の授業で取り入れられてきた活動で、目新しいものを感じないかもしれません。
　しかし、大切なのは、学んでいる生徒が能動的であるかどうかで、さらには「認知的、倫理的、社会的能力、教養、知識、経験を含めた汎用的能力の育成」がねらいでなければ今求められているアクティブ・ラーニングの活動とは言えません。
　また、「認知的、倫理的、社会的能力、教養、知識、経験を含めた汎用的能力」の備わった人は自立した人であると言えます。ですから、

アクティブ・ラーニングの先にあるのは、自立した学習者でなければなりません。ただペアワークやグループワークをするだけでは、今求められているアクティブ・ラーニングの活動にはならないのです。

本書で取り上げるアクティブ・ラーニング

P.14で述べた通り、本書で取り上げるアクティブ・ラーニングの活動を以下のように定義しています。

①英語の「学び方」を能動的に英語で学ぶ活動
②英語を使って多様な考え方を能動的に学んだり、自分の考えを表現したりする活動

本書では、これらの活動を「英語で」進めるために、必要な表現を集めました。また、本書にはアクティブ・ラーニングとして効果的な様々なアクティビティを集め、本書の説明だけで実践できるようにコンパクトにまとめてあります（これらの活動のもっと詳しい説明を知りたい場合は『はじめてのアクティブ・ラーニング！英語授業』（山本崇雄著、学陽書房）をご参照ください）。

アクティブ・ラーニングを生徒の将来につなげる

アクティブ・ラーニングの活動を通して、自ら学んだ英語を使い、多様な考え方を学び、自分の考えを表現し、社会に貢献できる能力を育てることができると考えます。アクティブ・ラーニングの活動の先に、10年後、20年後、生徒が英語を使い、社会に貢献する姿を思い描きながら授業をしていきましょう。

3 アクティブ・ラーニングの授業とはどんなイメージの授業なのか?

全員が笑顔で、真剣に、生き生きと学ぶ場に

上の写真は高校3年生の2学期の僕の授業の様子です。自分たちで学びの手段を手に入れ、目標に向かって学んでいます。受験を恐れるピリピリとした空気はありません。しかし、時に

真剣な眼差しで、着実に今の学びを未来につなげています。

1つのグループをクローズアップしてみると下の写真のような感じです。僕のアクティブ・ラーニングの授業のイメージはこの笑顔です。お互いに助け合いながら、学びを深め、英語を道具としてコミュニケーションを楽しんでいる様子がうかがえます。

人間の温かさを感じる活動を

　どうすればこのような笑顔があふれる教室になるのでしょうか。
　僕が意識しているのは、授業の中で生徒同士が関わり合って、目標達成に向け試行錯誤させることです。人間の持つ生身の温かさを感じさせる活動を多く取り入れます。目標を実現するために、ペアワークやジグソー法などの様々なアクティビティを使うイメージです。
　生徒はお互いに関わり合いながら自分の考えを伝えたり、相手の考えを聞いたりする中で、自分の考えを英語で表現する力、多様な考え方を英語で能動的に学ぶ、英語力の土台を鍛え合っていきます。
　また、**生徒同士で関わり合うアクティビティの終わりには、必ず感謝の気持ちを伝え合ってもらいます**。これも、授業の中で、社会人として必ず必要な、汎用的能力の育成を意識した大事な指導だと考えています。人の温かさを感じるコミュニケーションはコンピュータにはできません。AIに負けないコミュニケーション力を育てましょう。

常に自立を願う

　一番大切なのは、ALの活動の先に、生徒の自立を置くことです。教師は、答えを教えるのではなく、活動をサポートし、解決方法を支援します。例えば、辞書や文法書の使い方だったり、インターネットでの検索の仕方だったり、発音の学び方だったり…。生徒は、学び方を手に入れれば、自分で学べるようになります。そして、"You should finish this task by 9:20. You can choose your favorite activities."など、**学び方を生徒に選択してもらうと、主体性と責任感が生まれます。家でも学習方法に迷うことがなくなります。これが自立した学習者の意味するところです。**そして文科省の言う「認知的、倫理的、社会的能力、教養、知識、経験を含めた汎用的能力の育成」につながると考えています。

4 英語を英語で理解できる生徒が育つ！

英語を日本語を介さずに理解するために

　あるディベートの大会に高校１年生を出場させた時のことです。彼らは帰国子女のいる相手の学校の質疑応答の素早さについていけませんでした。このような議論の場で、いちいち相手の言うことを日本語に直している時間はありません。もちろん、じっくり読んだりする時には日本語は理解する上で有効な手段になりえます。しかし、日常生活で、スムーズにコミュニケーションをとるためには、ある程度英語を英語で理解できる力が大切になります。

　そのために、**中学１年生から、英語で授業をすることをお勧めします。生徒の頭に「？？？」がたくさん出てきても、日本語で訳し直してあげることは禁物です。**なぜなら、生徒は、「わからなければ、先生が後から日本語で補足してくれる」と思うようになり、英語を聞き取ろうとしなくなるからです。ジェスチャーや絵を使って、理解できるところから少しずつ活動の範囲を増やしていくイメージで授業をしていきましょう。ですから、「英語で活動の説明ができる」かが、活動のレベルの目安です。生徒が英語で理解できない複雑な活動は、英語で授業を行う授業にはふさわしくないと判断しましょう。

Accuracy（正確性）よりFluency（流暢さ）を重視

　日本人はよく、間違いを恐れるあまりに英語が口から出てこないと

言われます。しかし、僕の生徒は、まず英語が口から出てきます。これは、授業ルールの1つ"Enjoy making mistakes."「間違いを楽しもう」の浸透によると考えます。新しく学ぶ言語ですから、発音など間違えて当たり前です。生徒の誤りを直したくなる気持ちをおさえ、伝えたいことを伝えるという流暢さを第一に大切にしましょう。

　スピーキングのテストでも僕は発音などのAccuracy（正確性）はアドバイスという項目に記載はしますが、評価の対象にはしていません。間違いがあっても言いたいことが伝わればよいことにしています。

意味のイメージ化

　日本語を介さず英語を理解するには、意味のイメージ化が重要です。つまり、英語を聞いて、頭の中に具体的な映像を描くことができれば意味を理解することができるのです。ですから、絵を描く活動は英語のイメージ化に有効な活動です。"Listen and Draw"は聞こえてきた英語を絵に表す活動です。この活動に慣れてくると、絵を描かなくても頭の中に聞こえてきた英語をイメージ化できるようになります。

英語による授業は英語の総合力を上げる

　英語で授業をしていると、このイメージ化のスピードが速くなっていきます。これは読む力にも大きく影響します。英語を聞くことに慣れ、英語を聞こえてきた順に理解していくことができるので、読む時も、同じように理解することができます。文法訳読では、関係代名詞など後ろから名詞を修飾する場合、時に後ろから訳したりするので、読むスピードが遅くなります。英語による授業は日本語の語順に左右されず英語を理解でき、読む力の向上にもつながります。

　英語による授業は英語の4技能を育てる基礎をしっかりつくります。本校では、中学で英検準2級、高校で英検準1級合格を目標にしていますが、多くの生徒が達成しています。

5 英語で授業を受けるのを難しく感じる生徒にどうすればよいか？

「なんで英語でやるの？ 意味わかんない」

英語で授業を受けることに慣れていない生徒は、英語で行われる授業に抵抗感を持つことも多いと思います。「意味わかんない」「日本語で説明してください」と先生の英語に不満を言うかもしれません。

僕はこういう生徒は実はまじめなんだと思います。言い換えれば、彼らは「間違えてはいけない」「わからなければならない」といった完璧主義に近いものを持っていて、わからないことを恥ずかしいことと捉えています。この心理的なハードルを少しずつ取り除いていくイメージを持ちましょう。

大切な3つのルール

僕の授業でのルールを紹介します。
Everyone should...
- ☐ listen, speak, read, write and move.
- ☐ enjoy making mistakes.
- ☐ say "Thank you." when your friends do something for you.

英語で行う授業に"Everyone should..."と「一人残らずみんなで」取り組むことを強調しましょう。最初のルールのmoveは、わからない時、誰かに聞きに行ったりして動いてよいという意味です。**2番目の「間違いを楽しもう」は、英語で行う授業では特に大切なルールで**

す。"Don't be afraid of making mistakes." だと間違いを「恐れるもの」として捉えるようになります。むしろ「楽しもう」とまで言い切っちゃいましょう。そして、3番目の「感謝」です。英語という手段で、ペアやグループに貢献し、感謝されるという経験を積み重ねていきます。英語を使って、感謝されることが自己肯定感につながり、英語を話すことを心地よく感じるようになります。

活動内容の工夫

　生徒に英語を話させる時、僕が気をつけているのが、「**生徒が話す英語はコピー8割、オリジナル2割**」にすることです。英語をコピーする活動は、モデルを繰り返しながら、あるものを描写したり、意見を言う活動です。正しい表現をトレーニングする活動と言ってもよいかもしれません。

　オリジナルの英語は、生徒自身の意見など創造力を必要とするものです。"What did you do yesterday?" といった一見簡単なように思える質問でも、答え方は無限に広がっていきます。こういった場合、何と言ってよいかわからなくて詰まってしまうこともあります。こういった自己表現などオリジナルの英語力を必要とする活動は意外に難しいのです。

　僕の授業では、教科書の絵を描写し（8割）、自分の感想を付け加える（2割）といった感じです。教科書の絵の描写はモデルを示すことができるので、クラス全員が活動の8割を達成できます。自分の感想をうまく言えなかったとしても、活動の達成感を感じることができます。慣れてきたらこの割合を変えていき、感想などの創造力を必要とする活動を増やしていくこともできます。

　最初は、音読を聞き合ったり、発音練習をし合ったりといった活動を中心に英語で行う授業に慣れさせていきましょう。そして、粘り強く、2ヵ月、3ヵ月と諦めずに継続させましょう。生徒も自分の英語力の変化に気づき始めるはずです。

6 教師自身が英語で授業するのが難しいと感じる時は？

英語で行う授業を見学して学ぶ

　僕自身も教師になりたての時は、日本語を多用して英語の授業をしていました。しかし、教師1年目のある日、中学校1年生にオールイングリッシュの授業をしている光景を目にしました。ある大先輩の公開授業です。中1でもすべて英語で授業ができ、しかも生徒が生き生きと学んでいる姿に衝撃を受けました。僕もあのように英語で授業をしてみたいと思ったのが、授業改善の一歩でした。ですから、**英語による授業を見学すると目標が見つかるかもしれません**。僕も運営に携わっている英語授業研究会（https://jugyou.eigo.org）では、実際の授業を録画したものを使って研修をしています。参加費は無料です。このような研究会に参加するのも一つの方法です。

教室英語の特殊性

　日常英語に慣れていても、教室英語に慣れていない場合があります。教室で使う英語はある意味特殊です。"Put your desks side by side."「隣と机をつけてください」なんて日常では言わないですよね。教室での活動をイメージしながら、少しずつ覚えていくしかありません。
　本書ではAL型の授業で使う表現を丁寧にまとめました。活動ごとにまとめてあるので、授業をイメージしながら表現を増やすことができます。ノートに指導手順を書き、そこにキーになる指示を書き込ん

で、簡単な台本を作ると自信を持って教壇に立てます。一度台本を作ると同じような活動をする時に使えます。また、新たな表現を加えていくことによって、オリジナルの台本ができてきます。本書を利用しながら、オリジナルの表現集を作り、同僚と共有できると素晴らしいと思います。

教師もEnjoy making mistakes!

　先生が間違いを恐れていたら、生徒はますます失敗できません。僕はよく英語を言い間違えますし、発音も間違えます。本校は中高一貫校なので、6年目になると生徒は僕の英語の癖や間違いに気づきます。生徒の顔を見ていると、言い間違えた時に、表情が変わります。生徒の顔で間違いに気づくこともあります。そんな時は"Enjoy making mistakes!"と笑顔で言いましょう。ALT（外国語指導助手）がいる場合は、授業中に僕の発音を直してもらうこともあります。**教師が間違えているところを生徒に見せることは大切だと思います。**

英語は手段であることを見せる

　とはいえ、間違えてばかりいる先生は信用をなくしていくかもしれません。ですから、間違いを楽しむ姿を見せつつ、英語をツール（道具）として使っている姿を見せることも大切です。例えば、英語でプレゼンしている姿や、英語を使ってボランティアをしている姿などです。先生が英語を使って、教室の内外で活躍している姿は、生徒が英語学習の目的を考えることにもつながります。

　英語ができれば、多くの人とつながることができます。英語を使って誰かを救うこともできます。僕の夢は、卒業した生徒たちと英語を使ってフィリピンの貧困層の子どもたちの支援を行うことです。先生が英語で貢献する姿を見せることは、英語をツールとして捉え、英語を学ぶ目的にもつながるでしょう。

第2章

どんな授業にも使える！基本フレーズと授業のコツ

この章では出欠の確認、目標ルールの確認、授業での基本的な指示など、繰り返し毎日の授業で使えるフレーズをまとめました。毎回使える、英語で行う授業の核になるフレーズです。

1 スムーズな授業導入になる挨拶・出欠の確認

英語の授業を英語で行うための雰囲気づくり

　日本語で行われる授業を受け、休み時間も日本語で盛り上がる生徒たちをスムーズに英語の世界に迎え入れるには、挨拶から自然に英語を使うのが理想です。

　できれば、休み時間のうちから、生徒たちと英語で挨拶を交わしておくとスムーズに英語の授業に切り替えさせることができます。休み時間に英語の歌を流しておくのも雰囲気づくりには効果的です。挨拶から、最初の5分が「英語で授業を行う」上で重要な時間になります。

　英語の授業を特別教室で行える環境がある場合は、移動してくる生徒たちに、一人ひとり自然に挨拶をすることができます。その場合は、一斉に挨拶をする必要はないでしょう。

　「起立、礼、着席」のような挨拶を行っていると、やや英語の世界に入りづらい場合もあるでしょう。思い切ってそれはやめてしまうのも一つの方法です。

　僕は授業中もCDで音楽を流して、少しほかの授業時間とは違う雰囲気づくりを心がけています。急に英語で話すのは生徒にとっては恥ずかしいと感じることもあるので、少し異空間な感じがするぐらい雰囲気を変えて、「今だけは英語で話す世界にいるんだ」と思えるような、英語を話しやすい雰囲気をつくっていきましょう。

挨拶のバリエーション

おはよう／こんにちは！ ＋［呼びかけの相手］	Good morning / afternoon, +[class / everyone / students / boys and girls / Mr. Tanaka]!
調子はどうですか？ ＋［呼びかけの相手］	How are you, + [class / everyone / students / boys and girls / Mr. Tanaka]?
周りの人に挨拶をしましょう。	Say "Hello" to the people around you.

出欠の確認〜授業のスタート

出欠を取ります。	I'll call the roll.
今日は誰が欠席ですか？	Who is absent today?
みんないますか？	Is everyone here today?
誰がいませんか？	Who isn't here?
安部さんは保健室ですか？	Is Ms. Abe in the nurse's room?
公欠ですか？	Is it an authorized absence?
出席簿はどこですか？	Where is the roll book / register?
出席番号順に座ってください。	Sit according to your student number.
授業を始めます。	I'll start class / the lesson, now.
それでは始める時間です。	It's time to start now. / Let's get started.

② カンタンに導入に使えて応用も利く「今日は何の日?」

日付の確認

　英語の授業で日付をたずねることはよくあることだと思います。ただ、何のために日付を聞くのでしょうか。アクティブ・ラーニングの授業では活動にクリアな目標・目的を持つことが大切です。目標や目的は、できれば生徒の日常生活に結びつけ、生きる力につながるものが理想的です。杉本薫先生（都立両国高校附属中）の実践では、日付を聞いた後に、「今日は何の日？」と続けます。そして、こんなやりとりをします。

　　T（Teacher）: What is the date today?
　　S（Students）: It's September 3.
　　T: Do you know what is special about today?
　　S: No, I don't.
　　T: Today is Doraemon's birthday!

　毎日、何らかの記念日か有名人の誕生日などにあたっているので、アイデアが尽きて困るようなことはありません。有名人の誕生日や記念日はインターネットで検索することができます。生徒に順番で発表させてもよいでしょう。

日付・曜日を聞く活動のバリエーション

今日は何月何日ですか？	What is the date today?
パートナーに今日は何月何日かたずねなさい。	Please ask your partners what today's date is.
今日は何曜日ですか？	What day (of the week) is it today?
パートナーに何曜日か聞いてください。	Please ask your partners what day it is today.
何曜日が一番好きですか？	What day do you like the best?
何曜日が嫌いですか？	What day don't you like?
水曜日のスペルを空中に書きなさい。	Spell / Write "Wednesday" in the air.
今日は何の日か当ててみて。	Guess what today is.
今日は何の日か知っていますか？	Do you know what today is?
今日はミッキーマウスの誕生日です。	Today is Mickey Mouse's birthday.
1154年の12月19日にヘンリー2世がイギリスで王位に就きました。	Henry II was crowned king of England on December 19, 1154.

　HISTORYNET (http://www.historynet.com/) というWebサイトではToday In History（歴史上今日は何があったか）を簡単に調べられます。

3 アクティブ・ラーニングの目標・ルールの確認

登るべき頂上とルールを示す

　アクティブ・ラーニングの授業では、生徒に自立した学習を求めます。ですから、何を目指すかを教師が明確に示すことで、生徒は目標に向かって能動的に学習します。**そのため、授業の最初にこの時間の目標をきちんと伝えていくことが大切なことになります。** ここでは、目標の示し方と具体例をフレーズとして示しました。

　また、アクティブ・ラーニングの授業を英語で進めていく上で大切なルールは折に触れ繰り返し確認させましょう。

　これからの時代を力強く生き抜く生徒を育てるために、僕の授業では「自ら誰かのために動くこと」「失敗を恐れないこと」「周りに感謝すること」を大切なキーワードとして次ページ上のルールを示しています。

　どのルールにも"Everyone should…"と「全員で」取り組むことを強調しています。最初のルールのポイントは英語の４技能をフル活用すること＋move「動く」ことです。特にペアワークやグループワークの時、お互い学び合うために自由に動き回れる雰囲気を大切にしています。そして、間違いをいっそ楽しむこと、授業の中でたくさん感謝し合うこともルールにしています。感謝し合い、クラスが自分の居場所となることで、共に学ぶ集団に育っていくのです。

僕が実際に伝えているルールの例
Everyone should...
☐ listen, speak, read, write and move.
☐ enjoy making mistakes.
☐ say "Thank you." when your friends do something for you.

ルールの確認

この授業で大切な３つのルールが言えますか？	Can you say the 3 important rules for this class?
右側／左側の生徒はルールをパートナーに言いなさい。	Students on the right / left tell your partners the rules.
それではスクリーンにルールを写します。	Now I'll show you the rules on the screen.
ルールを大きな声で読みなさい。	Read the rules in a loud voice.
大切なルールを理解できましたか？	Do you understand these important rules?

目標の確認

今日の授業の目標を話します。	I'll tell you the goal for today's lesson.
今日の目標は絵を使ってセクション３の内容を話すことです。	Today's goal is that you can retell the story of section 3 with pictures.
今日の目標はセクション２を音読することです。	Today's goal is that you can read section 2 in a loud voice.

今日の目標は今日の文法のポイントを理解することです。	Today's goal is for you to understand today's grammar point.
今日のトピックについての意見を書いてください。	I want you to write your opinion about today's topic.
今日は３つの目標があります。	There are 3 goals today.
1. グループワークでメンバーと協力することです。	1. To cooperate with the other members of your group in group-work.
2. 今日の文法を使って簡単な会話をすることです。	2. To make easy conversation using today's grammar.
3. 今日の話について短いエッセイを書くことです。	3. To write a short essay about today's story.
今日の目標はいくつありますか？	How many goals are there today?
今日の３つのルールを言えますか？	Can you say today's 3 rules?
今日の"Big Question"※は「世界をよりよくするために変えたいことは何ですか」です。	Today's "Big Question" is "What do you want to change to make the world a better place ?"
今日の"Big Question"は何ですか？	What is today's "Big Question"?

※"Big Question"とは、その日に学ぶレッスンの内容に関する「問い」です。答えが１つに決まらないオープンクエスチョンを設定することで、生徒は"Big Question"の答えを考え続けながら能動的に授業に取り組むことができます。レッスンの終わりに行う"Oral presentation"（P.104）で"Big Question"の答えを入れさせることで、評価につなげることもできます。

4 授業での基本的な指示

授業のいろいろな場面で繰り返し使う表現

　どんな授業でも、生徒への基本的な指示として必要なフレーズがあります。決まった表現になっていることが多いので、次ページからはどの活動でも、繰り返し使える便利な表現を集めました。

　英語で授業をするにあたって、最初は生徒も戸惑うかもしれませんが、英語だけで授業することにこだわりましょう。ここで紹介する表現は、何度も繰り返し出てくるものです。少しずつ理解させ、核となるフレーズにしていきましょう。

　英語だけで伝えるためには、指示をあらかじめ図や英文で示しておいたり、また、同じアクティビティのやり方を何度も使って授業を展開していくことにより、授業の流れに生徒が慣れていくようにする方法があります。

　できるだけ、決まり切った指示のフレーズを使うようにすると、生徒はすぐに慣れます。

　また、ついつい、教師自身がすべての生徒に指示をわからせなければと思うかもしれませんが、**アクティブ・ラーニングの授業では、わからないことは周りの生徒に聞くようにさせましょう。**わからなければ、行動し、誰かに助けを求めることも、自立した学習者に必要な力です。

第2章　どんな授業にも使える！基本フレーズと授業のコツ

注意を引きたい時の表現

注目してください。	Pay attention, please. / Focus!
（私の後ろにある）スクリーンに注目してください。	Please pay attention to the screen (behind me).
私に注目しなさい。	Eyes on me.
顔と体をこちらに向けてください。	Turn your face and body toward me.

生徒へ確認する表現

始めてよいですか？	Shall we start? / May I go ahead?
（言ったことが）わかりますか？	Do you understand (what I said)?
次に何をするのですか？ （＊わかっているかを確認）	What will we do next?
どのように取り組みたいですか？ 一人で、ペアで、それともグループでやりますか？	How do you want to work on this? By yourself, in pairs or groups?

生徒に指示する表現

ペン／蛍光ペン／教科書を出してください。	Take out your pens / highlight markers / textbooks.
姿勢を正してください。	Sit up straight.
準備はいいですか？	Is everybody ready / OK?
教科書70ページを開けてください。／ページをめくりなさい。	Open your textbook to page 70. / Turn the page.

17ページの上から／下から5行目を見なさい。	Look at the 5th line from the <u>top</u> / <u>bottom</u> of page 17.
ノートを閉じて、鉛筆を置いてください。	Close your notebooks and put your pencils down.
よく聞いてください。大切なことを話します。	Listen to me carefully. I'll tell you something important.
プリントをファイルにしまいなさい。	Put your handouts into your files.
終わったら、手を挙げてください。	If you finish, <u>put your hands up</u> / <u>raise your hands.</u>

プリント（ハンドアウト）を配る・集める時の表現

新しいワークシート／ハンドアウト／コピーを配ります。	I'll give you new <u>worksheets</u> / <u>handouts</u> / <u>copies</u> for this lesson.
全部で3枚のワークシート／ハンドアウト／コピーがあります。	There are three <u>worksheets</u> / <u>handouts</u> / <u>copies</u> in total.
この列には何人いますか？	How many <u>people</u> /<u>students</u> are there in this line?
はいどうぞ。	Here you are.
プリントが余ったら、私に戻してください。	If there are extra handouts, please return them to me.
すべてのワークシート／ハンドアウト／コピーがありますか？	<u>Do you have</u> / <u>Have you got</u> all the <u>worksheets</u> / <u>handouts</u> / <u>copies?</u>
ワークシートを（後ろから）前に送ってください。	Pass your worksheets <u>(from the back) to the front</u> / <u>forward.</u>

第2章　どんな授業にも使える！基本フレーズと授業のコツ

後ろから（前へ）用紙を集めてください。	Collect the papers from the back (to the front).
列の最後の人はノートを集めてくれますか。	Could the students in the last row collect the notebooks?

ペアワーク・グループワークの表現

ペアをつくりましょう。	Let's make pairs. / Everyone, pair up!
歩いて（新しい）パートナーを見つけなさい。	Walk around and find a (new) partner.
パートナーに聞きなさい。	Please, ask your partners.
パートナーの方を向きなさい。	Face your partners.
隣と机をつけてください。	Put your desks side by side.
机を動かして向き合って座ってください。	Turn your desks and sit facing each other.
向かい合って立ってください。	I'd like you to stand facing each other.
じゃんけんをして勝った人から話しなさい。	Play rock-scissors-paper and winners start talking.
右／左側の列の生徒から始めなさい。	Right / Left side students will start first.
右／左側に座っている生徒から始めなさい。	The students (who are) sitting on the right / left side will start first.
ペアを代えましょう。	Let's change partners.
役割を交代しなさい。	Change your roles / parts.

6~7人組をつくりましょう。	Let's make groups of six or seven.
机を動かして4人組をつくりなさい。	Move your desks to make a group of four.
福田くん、このグループに入ってもらえますか。	Mr. Fukuda, could you join this group?
グループのこの場所に座っている生徒から始めなさい。（位置を示しながら）	The students (who are) sitting at this place in groups start first.
グループで司会を1名決めてください。	Choose 1 chairperson in a group.
司会者は他のメンバーに質問を始めてください。	Chairpersons, start asking the question to the other members.
司会者は残って、他のメンバーはグループを変えてください。	Chairpersons, you stay in the groups. The other members, change groups.
新しいメンバーに挨拶しましょう。	Say "Hello" to the new members.
司会者は前の議論を確認してください。	Chairpersons, <u>confirm</u> / <u>review</u> the previous discussion.
新しい司会者を決めてください。	Choose a new chairperson in your group.
机をもとに戻しなさい。	Turn your desks back.
もとの席に戻りなさい。	Go back to your original seat.

5 生徒へのフィードバックが重要!

生徒をほめたり、励ます声かけが大事

　アクティブ・ラーニングの授業では、生徒同士で様々な活動をしてもらうことになります。生徒同士で活動に取り組んでいる時間、教師は一人ひとりの様子をよく見て、そのがんばりに対してポイントポイントで励ましたり、ほめたりするフィードバックを行っていきましょう。

　アクティブ・ラーニングの授業は、一斉授業で教師が細かく指示出しを続ける授業よりも、生徒の活動を見守る時間が長くなるので、生徒の様子がよくわかるようになっていきます。そうすると、完璧主義で不安の強い生徒がいたり、なかなか活動になじめない生徒がいる様子もよく見えてきます。

　生徒がグループ活動の中でそのような様子を見せている時には、教師から話しかけて活動のがんばりをほめたり、何にひっかかっているのかを聞いたり、励ましていく声かけをしていきましょう。

　生徒は、安心できればできるほど、活動に意欲的に取り組むことができるようになっていきます。生徒同士の助け合いや、感謝し合うことによって安心感のある教室が育まれていきますが、横からの教師のちょっとした一言も大きなサポートになるので、生徒の様子をよく見ながら、必要に応じて様々なバリエーションでほめたり、励ましたりしていきましょう。

生徒をほめる時の表現

大悟、よくできました。	Good job / Excellent / Well done / Perfect / Brilliant, Daigo!
康弘、正解です。	That's right / correct, Yasuhiro!
里奈、はっきり聞こえました。	Your voice was very clear, Rina!
大きな声で読んでくれてありがとう。	Thank you for reading in a loud voice.
発音／アイコンタクト／姿勢がとてもよかったです。	Your pronunciation / eye contact / posture was excellent.
きれいな字ですね。	Your handwriting is beautiful / neat.
とてもきれいに／うまく書けています。	You write very beautifully / well.
あなたの発音／文字はわかりやすい。	Your pronunciation / writing is easy to understand.

生徒を励ます時の表現

悠人、おしい！	Very close / Almost / You are almost right, Yuto!
次はうまくいくよ。	You will do better / Everything will be OK next time.
あなたの発音／作文／スピーチはよくなっていますよ。	Your pronunciation / writing / speech is getting better.
いつもがんばっていますね。	You always work hard / try your best.
やってごらん。／想像してごらん。	Give it a try. / Take a guess.

生徒にアドバイスする時の表現

あなたの英語は上手ですよ、でもよく聞こえません。	Your English is very good but I can't hear you clearly.
もう少し大きい声で話してください。	Could you speak a little louder?
答えは合っていますがもう少しはっきりと言えますか？	Your answer is correct but could you say it more clearly?
よい考えですが、完全に正しくはありません。	That's a good idea, but it's not quite right.
よい考え／推測ですが、もう一度やってみましょう。	Good thinking / guess, but try again.
すごくおしい！　続けて！	You are very close, keep going!
それは考えもしませんでした。よい考え／意見です。	I never thought of that. You have good ideas / opinions.
わかりましたが、例を／もっと詳しくお願いします。	I understand but can you give an example / more details?
きっとできる！　取り組み続けて！	You can do it! Keep trying / working!
アイコンタクトがもっとできれば、自信があるように見えます。	If you keep more eye contact, you will look more confident.
家で教科書の音読を続けましょう。	Let's try to keep reading the textbook aloud at home.
家でCDを聞けば、発音がよくなっていきます。	Listen to the CD at home, and your pronunciation will be better.
CDを繰り返せば、すらすら読めるようになります。	Repeat after the CD, and your fluency will improve.

第3章

授業導入に使える！かんたんアクティビティ

この章ではウォームアップの活動や授業の復習や導入で繰り返し使えるフレーズをまとめました。Power Pointを使ったICTの活用の一例も紹介します。

1 ウォームアップの活動1
学んだ単語を"見える化"する「辞書引きビンゴ」

毎時間、辞書を使う習慣を

　中学校の初期の段階では辞書に慣れさせるために、毎授業、辞書を使う時間を確保しましょう。英語を学ぶ力をつけるためにも辞書指導は非常に重要です。

　僕は辞書指導では、調べた単語に付箋をつけさせています。付箋には調べた順番と単語を書き、辞書の該当ページに貼ります。また、ワークシートやノートに、調べた際に気づいたこともメモさせます。最初の授業で20〜30の付箋が辞書につくと見栄えがしてきて「もっと付箋を増やしたい」というモチベーションにつながります。

　さらに、ここでは、授業のウォームアップの活動に最適な「辞書引きビンゴ」という活動とその活動に必要な指示のフレーズを紹介します。

　辞書引きビンゴは、ターゲットの単語を伝え、全員が一斉に辞書を開いて、一度でターゲットの単語を見つけたら「ビンゴ！」となるという単純なゲームです。そこから発展させて、その単語を使った例文を言わせたり、単語の意味を紹介してもらったりしていきます。

　辞書を使ったゲームで辞書への心理的なハードルをなくし、辞書をどんどん使いこなせるようになってもらいましょう。また、生徒に単語の意味を聞かれてもすぐ答えずに、調べさせるようにしていきましょう。

辞書引きビンゴ（Dictionary Bingo）の進め方

①ターゲットの単語を伝えます

その日の授業で使う単語を使うとよいでしょう。

では、今日のターゲットの単語を伝えます。	Now I'll tell you today's target word.
今日のターゲットの単語は"walk"です。	Today's target word is "walk".

②一度でターゲットの単語を見つけられるかを伝えます

一度で"walk"を辞書で見つけたら、ビンゴ！と言ってください。	If you can find "walk" in your dictionary in one try, say "Bingo!"
指をwのマークのところに置いて、その単語がどこにあるか推測しなさい。	Please put your fingers on the mark "w" and guess which page the word is on.

③一斉に辞書を引きます

では、準備はいいですか？　3、2、1開いて！	OK. Are you ready? Three, two, one … open!
一度でその単語を見つけられましたか？	Have you found the word in one try?
もしビンゴになったら、手を挙げてください。	If you get a bingo, please raise your hand.

発展的な活動

"walk"を使った例文を言ってください。	Could you tell me an example using "walk"?
面白い例文はありますか？	Are there any interesting examples?
"walk"の意味を言ってくれますか。	Could you tell me the meaning of "walk"?

調べた単語に付箋をつける

付箋を出して、単語を書いてください。	Take out your post-it / sticky note and write the word on it.
"walk"のところに付箋をつけてください。	Put the post-it / sticky note where the word "walk"is.
新しい付箋に次の番号を書いてください。	Write the next number on the new post-it / sticky note.

※写真の辞書提供：金澤綾音(当時、中1)

2 ウォームアップの活動2
生徒が話したくなる「スモールトーク」

英語で話したくなるテーマを選ぶ

　スモールトークとは、教師からちょっとした質問や話題を提供し、生徒同士のペアワークなどで英語でそのことについて話し合ってもらったり、全員の前で発表してもらう活動です。授業の最初に行う活動としても最適です。例えば、毎回、授業の最初に誰かをあててスモールトークを発表してもらったり、ペアトークで話すなどやり方を決めておいてもよいでしょう。

　スモールトークをさせる時は、生徒が話したくなるテーマを選ぶことが大切です。日常生活についてのやり取りは単純ですが、聞き手に「それについてほめなさい」"Please say good things about it."と指示するだけで、聞き手は集中して耳を傾け、休日に何をしたか、朝ごはんは何を食べたか、連休に何をしたいか、どんなテレビを見たかといった話題でも盛り上がります。

　また、架空の問題設定をして、それについてペアトークで語り合ってもらうというのも僕はよく使います。例えば、「友人がケガをして入院しました。会って何か言ってください」とか、「こういう問題を抱えている人に何かアドバイスをしてください」など、ふだんの会話よりも少しハードルの高い設定をして、生徒自らで考えて、話してもらうような課題です。ディベートの論題など、賛否が分かれる題材も取り組みやすいでしょう。

スモールトークのテーマ例1 〜日常生活〜

昨日／週末に何をしましたか？	What did you do <u>yesterday</u> / <u>over the weekend?</u>
パートナーに今朝／昨日の夕飯に何を食べたか伝えてください。	Tell your partners what you ate <u>this morning</u> / <u>for dinner yesterday.</u>
家事の手伝いをしますか？　何をしますか？	Do you help with the house work? What do you do?
起きた後何をしますか？	What do you do after you get up?
シャワーを浴びるのとお風呂に入るのはどちらが好きですか？	Which do you prefer, taking a shower or taking a bath?
ファミリーレストランに行ったら何を食べたいですか？	If you go to a family restaurant, what do you like to eat?
1週間休みがあったら何をしたいですか？	If you have one week holiday, what do you want to do?

スモールトークのテーマ例2 〜話したくなるテーマ〜

テレビを見ている時、他のことをできますか？	Can you do other things while you are watching TV?
あなたの友人はどこに行っても道に迷います。	Your friend always gets lost every time <u>he</u> / <u>she</u> goes anywhere.
アドバイスをしてください。	Advise your friend what <u>he</u> / <u>she</u> should do.
友人がとても具合が悪そうですが、病院に行きたがりません。	Your friend looks very sick, but refuses to go to the hospital.

病院に行くよう説得してください。	Try to convince your friend to go to the hospital.
友人の1人が足を骨折して病院に入院しています。	One of your friends is in the hospital because he / she broke his / her leg.
会って何か言ってください。	Meet him / her and say something.

スモールトークのテーマ例3〜議論につながるテーマ〜

スポーツを見るのと、スポーツをやるのとどちらが好きですか？	Which do you like better, watching sports or doing sports?

他にも dogs or cats / writing a letter or sending an e-mail / summer or winter / swimming in the pool or in the sea / など

「すべての日本の（中学）高校生は修学旅行で外国に行くべきだ」これについて議論しなさい。	"All Japanese (junior) high school students should go to foreign countries on their school trip." Discuss it.

※全国高校英語ディベート連盟のWebサイトでは過去の大会で使われた論題を見ることができます。（http://www.henda.jp/）

多くの先生は毎日生徒に宿題を出します。毎日の宿題は生徒に必要でしょうか？　あなたの答えを支える明確な理由と詳細をあげなさい。	Many teachers assign homework to students every day. Do you think that daily homework is necessary for students? Use specific reasons and details to support your answer.

（TOEFLのWriting Topicsより）

3 ウォームアップの活動3
文法もラクラクマスター「たてよこドリル」

文法は習うより慣れよ

　アクティブ・ラーニングの活動の中で、文法をどう教えるか悩む先生もいるでしょう。文法は数多くこなして慣れていくのが一番なので、僕はドリルを使うことをおすすめしています。

　文法ドリルには様々なものがあり、それぞれの先生が使いやすいものを選べばよいと思います。僕自身が作ったドリル『英語のたてよこドリル』（正進社）は百ます計算の要領で、縦の英語と横の英語を組み合わせて英文を作っていくものです。

　このドリルの使い始めは、教師主導で使い方に慣れさせます。まずは1ページ全体を教師とやってみて、英文の作り方を理解します。そして、次からは、スピードを競うゲームとしてやっていくようにします。

　例えば、20秒で文をいくつ読めるか競い合ったり、ペアでランダムに問題を出し合って早く読み、全部でいくつ読めたかを競い合ったりします。

　また、音読しながら（　）の中に単語を書き込み、2分間で文をいくつ書けるかを競い合ったりするゲームもできます。

　できるだけゲーム感覚を取り入れながら、何度も繰り返し同じページをやって、覚え込んでもらいましょう。

『英語のたてよこドリル』のページの例

Read! Read! Read! 〜 20秒で、できるだけ速く読む活動です

たてよこドリルを出して、45ページを開きなさい。	Take out your Tate-yoko drill and open to page 45.
これから20秒与えます。できるだけたくさんの英文を読んでください。	Now I'll give you 20 seconds to read as many sentences as possible.
文をいくつ読めましたか？	How many sentences did you read?

Read & Write 〜 2分で、できるだけたくさん書く活動です

これから2分間与えます。できるだけたくさんの英文を書いてください。	Now I'll give you 2 minutes to write as many sentences as possible.
声に出して読みながら文を書いてください。	Write sentences while reading them aloud.
文をいくつ書けましたか？	How many sentences did you write?

第3章 授業導入に使える！かんたんアクティビティ

Reading Race　リーディングレース

パートナーの方を向きましょう。	Face your partners.
すべての文章をできるだけ速く読みましょう。	Read all the sentences as fast as <u>you can</u> / <u>possible</u>.
読み終わったら笑顔でパートナーを待ちましょう。	If you have read all the sentences, wait for your partners with a smile.

Reading Relay　リーディングリレー

みなさん、立ってください。	Stand up, everyone.
ペアで1文ごとに交替で読んでください。	In pairs, I want you to take turns reading each sentence aloud.
すべての文を読み終わったら、パートナーとハイタッチをしてください。	If you read all the sentences, give your partners a high five.

Pairwork ～ペアで問題を出し合います

パートナーとじゃんけんをしてください。	I want you to play rock-scissors-paper with your partners.
勝った人は、文の番号をランダムに言ってください。	Winners say the sentence number at random.
負けた人はその文を素早く言ってください。	Losers read the sentence as quickly as possible.

4 ウォームアップの活動4
ペアで楽しくできる単語集を使った活動

単語集もペアワークに

　高校生ぐらいになると、単語集などを使って単語をまとめて学習することも効果的です。単語集もペアで問題を出し合ったりすることで、能動的な学習になります。

　最初は教師から生徒に対して問題を出し、それにできるだけ早く答えさせるというやり方で、単語集を使った活動に慣れてもらいます。

　例えば、今日学ぶ単語のページを開かせて、意味や綴り、類語や反意語を答えさせたり、ノートに書かせて、さらに発音練習を行ったりします。

　発音練習はペアになってもらって、まずは、じゃんけんで勝った人が単語を読んで、負けた人がその後に続けて繰り返したり、CDをかけて発音練習を繰り返したりします。だんだんに、ペアで単語についての問題を出し合ったり、単語を読み上げ合ったりなど、ペア同士の活動で単語集を学ぶようにしてもらい、授業のウォームアップの活動として使うようにするとよいでしょう。

　ウォームアップの活動も、1つの活動に慣れるまでは頻度多く使いつつ、生徒が慣れてきたら様々な活動を日によって使い分けていくと、生徒も新鮮な気持ちで授業に取り組めます。

　ここではこの活動の指示に使うフレーズを紹介しましょう。

単語集を使った活動の進め方

①先生対生徒で活動に慣れさせます

では単語集を出して、47ページを開けてください。	Now take out your vocabulary books and open to page 47.
単語の問題を出します。質問にできるだけ速く答えてください。	I'll give you a vocabulary quiz. Answer my questions quickly.
「internationalization」の意味は日本語で何ですか？	What does "internationalization" mean in Japanese?
「国際化」は英語で何と言いますか？	How do you say *kokusaika* in English?
「internationalization」の綴りは何ですか？	How do you spell "internationalization"?
「quick」の類義語は何ですか？	What is a synonym of "quick"?
「increase」の反意語は何ですか？	What is an antonym of "increase"?
この質問をパートナーにしてください。	Please ask this question to your partners.
「admit」を使った文を作ってください。	Make a sentence using "admit".
「deforestation」とノートに書いてください。	Write "deforestation" in your notebooks.
ヒントを出します。	I'll give you some hints.
その単語は「d」で始まり、8文字です。	The word starts with "d" and has 8 letters.

② Small Teachers 〜発音練習をお互いにします

パートナーとじゃんけんをしてください。	I want you to play rock-scissors-paper with your partners.
勝った人が単語を読んで、負けた人は繰り返してください。	Winners will read the words and losers will repeat.
CDをかけます。発音を注意深く聞いて、繰り返してください。	I'll play the CD. Listen to the pronunciation carefully and repeat.

③ Pairwork 〜ペアで問題を出し合います

(じゃんけんで) 勝った人が最初に単語クイズを出題してください。	Winners will make the vocabulary quiz first.
(じゃんけんで) 負けた人は素早く答えてください。	Losers will answer the quiz quickly.
意味だけでなく綴りや類義語、反意語も聞いてください。	Ask not only meanings but also spelling, synonyms and antonyms.
もしパートナーがわからなければ、ヒントを出してください。	If your partners have no idea, please give him of her some hints.
では、交代です。負けた人は単語クイズを出題してください。	It's time to change parts. Losers will make the vocabulary quiz.

5 授業導入に使える復習の活動1
絵を使って教科書の内容を振り返る

教科書の絵を英語で表現する

　教科書の写真や絵を使って、内容を英語で話す活動です。前回の授業で習った内容を英語で話すことで復習していきます。

　教科書の写真や絵をスクリーンに映したり、黒板に大きく掲示し、そこに誰が見えるか、季節はいつか、登場人物が何をしているかなどを答えさせたり、説明させたりします。

　最初は教師が生徒に質問するかたちでこの活動を行い、だんだんに慣れさせて、慣れたらペアでその活動ができるように誘導していきます。

　特に写真や絵について答えさせるという活動は、とてもわかりやすく、英語を学び始めた初心者にもすぐに取り組めるので、小学校や、中学1年生の授業でも非常に使いやすい活動です。

　ペアでの活動の際には、じゃんけんでゲーム性を取り入れたり、スピーチを聞き合った時に、お互いをほめてもらったりします。

　だんだんに、生徒同士でほめ合ったり、相手の話をよいリアクションをしながら聞き合っていくことにも慣れてもらいましょう。ここではそうした指示についてもフレーズを用意しました。

絵を使って内容を振り返る活動の進め方

①先生対生徒で活動に慣れさせます

（私の後ろの）スクリーンに注目してください。	May I have your attention on the screen (behind me)?
前回の授業で学んだ話を復習してほしいと思います。	I want you to review the story we learned in the previous lesson.
（スクリーンに）物語の絵を見せます。	I'll show you the pictures that relate to the story (on the screen).
まず、絵には誰が見えますか？	First, who can you see in the picture?
次に彼らはどこにいますか？	Next, where are they?
では、季節はいつですか？	Then, what season is it? / when is the season?
時間は何時ですか？	What is the time?
彼らは何をしていますか？	What are they doing?
リサは何と言いましたか？	What did Risa say?
絵を説明してください。	Could you explain the picture?
もっと話せますか？	Could you tell me more?

②Pairwork～ペアで絵を説明し合います

パートナーとじゃんけんをしてください。	I want you to play rock-scissors-paper with your partners.

勝った人は英語で絵を説明してください。	Winners, you will explain the pictures in English.
負けた人はパートナーの説明を聞いて、よいリアクションをしてください。	Losers, you will listen to your partners and give positive feedback.
負けた人にはパートナーのスピーチのよいところを３つ言ってもらいます。	Losers, you will say 3 good points of your partners' speech.
（説明の後で）スピーチについてコメントしてください。	(After the explanation) Make comments about the speech.
交代しましょう。負けた人は英語で絵の説明をしてください。	Change parts. Losers will explain the pictures in English.
では、お互いに絵についての質問を作りましょう。	Then, ask each other questions about the pictures.

6 授業導入に使える復習の活動2
内容がさらに頭に入る「ペアで行う音読活動」

復習のための音読活動

　すでに習った内容を音読する活動です。復習なので、内容がわかっていることが前提になります。教科書や長い文章を音読する活動を授業で取り入れる時は、内容がわかっていないと音読の効果がないので、内容を理解した後に音読活動を取り入れましょう。

　音読によって内容を確認し、さらに自然な発音に近づけるようにCDなどを使って練習していきます。

　ペアでじゃんけんなどを取り入れながら、音読を聞き合う活動をしたり、音読の後に内容の要約をさせたり、ペアの片方が読んで、読んだ文章をもう片方が書いていくという活動に発展させていきます。

　一斉に音読するよりも、ペアでの活動は時間がかかりますが、相手を意識することにより、音読の精度が上がっていきます。

　また、単純に音読できればよい、書ければよい、ということではなく、ペアワークの中で、どう相手に伝えるとよいかを意識させるような課題を出すとよいでしょう。例えば、その文章の話のオチを自分なりにまとめて相手に説明させたり、文章全体の中でどれが一番大事な一文だったと思うかを選んで相手に伝えたりなど、最終的には相手に伝えることを意識させながら音読活動をさせましょう。

ペアで行う音読活動の進め方

①ペアで音読を聞き合います

パートナーとじゃんけんをしてください。	I want you to play rock-scissors-paper with your partners.
勝った人は51ページを大きな声で読んでください。	Winners, you will read page 51 in a loud voice.
負けた人は、パートナーの音読を聞いてください。	Losers, you will listen to your partners' reading.
パートナーの音読の後に、音読についてコメントしてください。	After your partners' reading, please make comments about it.
交代です。負けた人は51ページを読みます。勝った人は聞いてください。	Change parts. Losers will read page 51. Winners will listen (to it).
勝った人はパートナーの音読についてコメントしてください。	Winners will make comments about your partners' reading.

②音読の後、内容を要約します

39ページをみんなで大きな声で音読しましょう。	I want you to read page 39 together in a loud voice.
読んだ後、話を要約してもらいます。	After reading, I want you to summarize the story.
読んだ後、重要な文を2つ選んでもらいます。	After reading, I want you to pick up two important sentences.
読んだ後、話のオチを説明してもらいます。	After reading, I want you to explain the punch line of the story.

では、読んでみましょう。用意はいいですか？　始め！	OK. Let's start reading. Are you ready? Go!
パートナーとじゃんけんをしてください。	Play rock-scissors-paper with your partners.
勝った人は、物語を要約してください。	Winners, you will start summarizing the story.

③音読の後、発音を確認します

では、発音をCDで／ブラウン先生と確認しましょう。	Now check the pronunciation with the CD / Mr. Brown.
CD／ブラウン先生をよく聞いて、繰り返してください。	Listen to the CD / Mr. Brown carefully and repeat.

④音読の後、ディクテーションします

パートナーとじゃんけんをしてください。	Play rock-scissors-paper with your partners.
勝った人は27ページを1文ごと読んでください。	Winners, you will read page 27 sentence by sentence.
負けた人はそれをノートに書いてください。	Losers, you will write it down in your notebooks.
勝った人はパートナーの答えをチェックしてください。	Winners, check your patners' answers.

7 授業導入に使える復習の活動3
自分で、ペアで、楽しく「シャドーイング」

シャドーイングを能動的に

シャドーイングとは、CDなどのモデルの後、2～3語遅れて、発音を真似しながら音読していく方法です。発音矯正とリスニング力の養成に効果がありますが、意味が伴わない音読になってしまいがちです。ですから、音読の時と同じで、パートナーと聞き合いながらシャドーイングするとよいでしょう。

どの活動も、ペアワーク、グループワークにすることで、生徒にやりがいのあるものになります。相手を意識することによって英語はツール（道具）だと感じさせましょう。

まずは自分でシャドーイング

まず、アイシャドーイング※をしましょう。	First, I want you to do "eye shadowing".

※黙って行うシャドーイングです。読む代わりに指を動かします。

指を最初の文のところに置いてください。	Put your fingers at the first sentence.
CDと一緒に単語を指で追ってください。	Trace the words with your finger with the CD.

声に出して読む必要はありませんが、口は動かしてもかまいません。	You don't have to read aloud, but you can mouth the words.
CDを聞いて、最初の2〜3番目の単語が聞こえたら、音読を始めてください。	Listen to the CD, and when you hear the second or third word, you can start reading aloud.
シャドーイングの後、ペアでその物語について話してもらいます。	After shadowing, I want you to talk about the story in pairs.
ステファニーとシャドーイングをしましょう。	Let's do shadowing with Stephanie.
ステファニーが30ページを読みます。後を追ってシャドーイングしてください。	Stephanie will read page 30. I want you to shadow her reading.
リズムやイントネーションに気をつけてください。	Be careful with the rhythm and intonation.
意味を考えることが大切です。	It's important to think about / connect with the meaning.

ペアでシャドーイング

パートナーとじゃんけんをしてください。	Play rock-scissors-paper with your partners.
勝った人からシャドーイングを始めます。	Winners, you will do shadowing first.
負けた人はパートナーのシャドーイングをチェックしてください。	Losers, you will check your partners' shadowing.
負けた人はパートナーのシャドーイングについてコメントをしてください。	Losers, you will make comments about your partners' shadowing.
では交代しましょう。負けた人がシャドーイングをします。	Now, let's switch parts. Losers will do shadowing.

8 授業導入に使える復習の活動4
読むのが速くなる!「クレジットロールリーディング」

クレジットロールリーディングもペアで

　クレジットロールリーディングとは、映画のエンドロールのように英文が移動していくのに合わせて音読する活動です。

　パワーポイントのアニメーション機能を使ってテキストボックスに入力した教科書などの英文をスライドアウトさせていきます。意味のかたまりごとに区切りをつけてもよいでしょう。

　文章が消えるまでの時間を1分に設定すれば、テキストボックスの単語数がWPM（1分で読める単語数）になります。

　そして、全員で1行ごとに読んでいったり、ペアワークとしてペアで1行ごとに交代で読んでいったり、ペアのどちらかだけが読んで、パートナーに後からどんな内容だったのかを要約して説明したりなど、様々な活動に応用していきます。交代時にハイタッチさせると盛り上がります。

　意味のかたまりごとに文章を読んでいくので、どんなふうに英文を読みこなしていけばよいのかをだんだん理解していけるようになります。

　僕の場合、特に新しい単元に入る時や、新しい長い文章に取り組む時に、最初にこの活動をするようにしています。動画を利用することで、知らない文章をとにかく読んでみる、という取り組みができます。できない経験をさせ、「できるようになりたい」という動機につなげましょう。

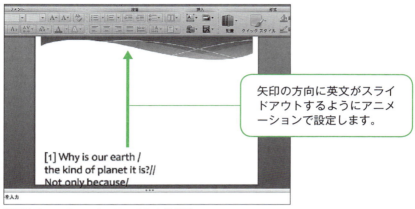

画面は Power Point for Mac 2011 使用時

クレジットロールリーディングの活動の進め方

クレジットロールリーディングをしましょう。	Let's do "credit roll reading".
パートナーとじゃんけんをしてください。	Play rock-scissors-paper with your partners.
ペアで1文ごとに交代で読んでください。	I want you to read aloud sentence by sentence alternately in pairs.
勝った人は最初の文を読んでください。	Winners will read the first sentence.
読んだ後、物語を要約してもらいます。	After reading, I want you to summarize the story.
物語の意味を考えることが大切です。	It's important to think about / connect with the meaning of the story.

次は、もっと速く動きます。	Next, it will move / scroll up faster.
文がよく見えますか？	Can you see the sentences clearly?
文が見えなければ、前の方に動いてもよいですよ。	If you can't see the sentences, you can move to the front.
次は自分でクレジットロールリーディングに挑戦してもらいます。	I want you to try credit roll reading by yourself.
テキストボックスには100語入っています。	There are 100 words in the textbox.
もし、1分以内にそれを読めれば、あなたのWPM※は100です。	If you can read it within 1 minute, your WPM is 100.

※ WPM=word per minute（1分で読める単語数）

◆**WPM計算式**

全語数÷音読秒数×60＝WPM

例　270語÷180秒×60＝90WPM

150WPM＝ニュース番組のアナウンス
200WPM＝ネイティブの日常会話
300WPM＝ネイティブの黙読

　クレジットロールリーディングを使って、スライドアウトする時間を1分に設定すれば、テキストボックスに入力した語数がWPMとなり、生徒もWPMを実感できます。

第4章

アクティブ・ラーニングの活動の進め方と基本フレーズ!

この章ではアクティブ・ラーニングの授業でよく使われる活動を英語で進めるためのフレーズをまとめました。後半では教科書を使ったアクティブ・ラーニングの活動も紹介します。

1 アクティブ・ラーニング 授業の進め方について

自立した学習者に育てることを意識する

　本書でこれまで述べてきたように、英語のALの先には自立した学習者があります。家でも自立し、英語を学んでいく姿をイメージして、活動を構成していきましょう。**本書で紹介する活動は、生徒を能動的に学ばせながら、自立につなげるヒントになるものです。**活動自体が目的にならないよう、生徒の自立を意識しましょう。

生徒を能動的にさせる手法

　ALでは生徒が能動的になるような仕掛けを作る基本的な活動があります。本章で紹介するThink-Pair-Shareやジグソー法、ミニッツペーパー、席替えの方法などは英語に限らずどの教科でも応用が可能です。道徳や学活でも使えますし、教科を超えて手法を共有してもよいでしょう。

教科書をALで学ぶ

　教科書をどう扱うかは、先生によって千差万別です。ALで教科書を使う場合もやはり、その先には「自立して教科書を学ぶ」姿があります。教科書を学ぶことを、将来英語を使う場面に当てはめて教えていきます。将来生徒が英語を読む場面を想像した時、例えば、英字新

聞を読み進めながら自分の考えを深め、発信する姿が想像できます。英字新聞を読む時、最初に目に入るのが写真です。写真からどのような記事か想像し、見出しに目をやり、必要な情報を読み取るといった流れが自然でしょう。これを授業に当てはめることによって、教科書の学習を未来につなげることができます。

　教科書のLessonの写真を見て、内容を想像する活動(Guess Work)から始め、内容にざっと目を通し、さらに精読していくといった感じです。最後に、学んだことを口頭で発表したり、書いたりして自己表現すれば、話す力や書く力を育てることができます。

誰かのために活動する

　教科書を使った活動も、「誰かのため」という仕掛けを入れましょう。例えば、教科書本文を4分割したものをジグソー法で協力して読み進めると、教科書を読む目的が、「チームのメンバーに情報を伝えるため」となり、ツールとしての英語の意識が強くなります。音読も、ペアで一人が読み、もう一人が聞くという役割にすれば、「隣の人に聞いてもらうために読む」という目的になります。全員で一斉に音読するより、2倍の時間がかかりますが、生徒の能動性はより高くなります。

教科書を発展的な活動につなげる

　教科書の先に、ディスカッションやディベートといった発展的な活動を置くこともできます。教科書の題材によっては賛否が分かれるものもあります。そんな時は、ディスカッションやディベートに挑戦させましょう。生徒のレベルで難しいなと思う場合は、ロール・プレイングで議論の型を示し、疑似体験させてもよいでしょう。

　これらの活動はすべて、生徒の未来につながります。生徒が将来、多様化し、国際化した世界で、英語を使って生き抜く姿をイメージして授業を構成していきましょう。

② ALの基本的な活動1
自分の考えが言えるようになる「Think-Pair-Share」

自信を持って発言するためのステップ

　Think-Pair-Shareは、教師の発問に対して、まずは自分で考え(Think)、考えをペアで交換し(Pair)、グループやクラスで考えを発表し合い（Share）、考えを深めていく手法です。ここではウォームアップなどで使える簡単な会話の例をあげます。この他にも、教科書の内容のQ&A、ディスカッションやディベートで意見を言わせる時など、このステップを踏むと意見が言いやすくなります。

Think-Pair-Shareの活動の進め方

①教師が問いを投げかけます

では生徒のみなさん、週末の予定について話してもらいます。	OK. Students, I want you to talk about your plans for this weekend.

②個人で答えを考えさせます（Think）

週末の予定について、自分自身で考えてみましょう。	I want you to think about your plans for this weekend by yourself.
ノートに考えを書いてもかまいません。	You can write your ideas in your notebooks.

（準備に）１分間与えます。	I'll give you one minute (for preparation).

③ペアで意見交換します（Pair）

ペアをつくって、向かい合って座ってください。	Make pairs and sit face to face.
じゃんけんをしてください。	Please play rock-scissors-paper.
勝った人はパートナーに、「週末に何をしますか」とたずねてください。	Winners, please ask your partners "What will you do this weekend?"

④グループやクラスで話し合った内容を発表します（Share）

〈グループで　in groups〉

４人グループをつくってじゃんけんをしてください。	Make four-person groups and play rock-scissors-paper.
勝った人は、パートナーの週末の予定について話してください。	Winners, you will tell your partners' plan for this weekend.
グループで時計回りに話してください。	Speak in turns in a clockwise order in groups.

〈クラスで　in the classroom〉

ユカ、パートナーの予定を話してもらえますか。	Yuka, could you tell us your partner's plan?
あなたの週末の予定を話してもらえますか。	Could you talk about your plan for this weekend?
ユカはこの週末に何をするでしょうか？	What will Yuka do this weekend?

3 ALの基本的な活動2
メンバー同士で協力し合う！「ジグソー法」

誰かのために活動する

　ジグソー法は、グループのメンバーがそれぞれ、分割された異なる情報を持ち寄り、全体の理解を深めていく活動です。教室の壁に異なる情報を四隅に貼り、4人組で分担してそれぞれの情報を集めるところから "4 corners" とも呼ばれます。

ジグソー法は下記のような活動になります。
① まず、活動の目標を示す（"To understand the story of section 3" など）
② 4人組のグループをつくる
③ 教室の4箇所に別々に貼り出されたペーパーを、それぞれ自分が分担したところだけを見に行き、内容を理解してくる（例えば、8行の文章のうち、2行ずつが教室の隅の4箇所に別々に貼り出されていて、自分の担当する2行のところだけを見に行く）
④ 自分のグループに戻り、自分の担当部分がどんな内容だったのかをグループ全員に伝える
⑤ どんな内容だったのかをグループごとに発表する

　一人ひとりがジグソーパズルの1ピースのみを持ち寄って全体を完成させるような活動のため「ジグソー法」と言います。
　ここでは、次々ページから中学校の初期に使える簡単なジグソー法の課題を紹介します。

> ### ジグソー法の進め方

❶教師が活動の目標や手順を示す。

❷４人組グループをつくる。

❸教室の４箇所に貼り出されたペーパーのうち、自分の担当したところを見に行き、内容を理解してくる。

❹自分のグループに戻り、自分の担当部分の内容を伝え合う。

❺どんな内容だったかグループごとに発表する。

中学校の初期に使えるジグソー法のアクティビティ

ジグソー法の手順（町にある英語を探せ）

　今や町には、英語で書かれた看板があふれています。町中で見られるような英語の看板をカードにして教室中に貼り、グループで分担してどんな看板があるのかを調べていく活動です。

①活動の目標を示します

町にはたくさんの英語の看板があります。	There are a lot of English signboards in our town.
町にはたくさんの英語で書かれた看板があります。	There are a lot of signboards written in English in our town.
今日は、壁にたくさんの英語の看板を貼りました。	Today I put a lot of English signboards on the wall.
今日の目標は、英語の看板から、英語の単語を学ぶことです。	So today's goal is to learn English words from English signboards.

②情報の集め方を指示します

4人組のグループになってください。	Get into groups of four.
それぞれのメンバーは違う場所に行き、看板を読んでください。	Each member will go to different places and read a signboard.
スペリングを覚えてください。	I want you to memorize the spelling.

席に戻って、スペリングを紙に書いてください。	Go back to your seats and write the spelling down on your paper.
紙を持って行ってはいけません。	Don't bring your paper with you.

③共有の仕方を指示します

席に戻って情報を共有しましょう。	Go back to your seats and share the information.
最初に単語を言いなさい。	Say the word first.
スペリングがわからなければ、「どうやって綴りますか？」と聞いてください。	If you don't understand the spelling, ask "How do you spell it?"
グループで看板をいくつ集めましたか？	How many English signboards did you get in your groups?
看板をアルファベット順に並べましょう。	<u>Put</u> / <u>Arrange</u> the signboards in alphabetical order.

4 ALの基本的な活動3
ペアがどんどん入れ替わる「席替えの指示」

様々な人とペアになってもらうために

　クラスの中には様々なレベルの生徒がいます。授業の１時間の中で席替えを下記の図のように頻繁に行うことによって、様々なレベルの生徒同士でペアを組むようにしましょう。そして、活動の最後には必ず"Thank you"を言い合ってもらいます。何度も感謝しながら活動を進めていくうちに、英語のレベルより、まず、感謝の気持ちが大きくなっていきます。そして、英語のレベルも全体的に上がっていくと考えます。

〈片方の列が１つずつ席を移動する席替えの例〉

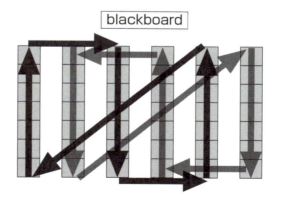

席替えの指示、感謝の伝え方を教える指示

パートナーに「ありがとう」を言いましょう。	Say, "Thank you" to your partners.
右側／左側の生徒は１つ／２つ席を移動してください。	Students on the right / left will move one / two seat(s).

→右側の／左側の生徒の表現はいろいろな表現で指示してみましょう
    Students who are sitting on the right / left (hand side) …
    Students sitting on the right / left (hand side) …
    Students on the right / left (hand side) …

新しいパートナーに挨拶をしましょう。	Say "Hello." to your new partners.
前の（ペアとの）会話を振り返ってください。	Please confirm the previous conversation.
前の会話であなたのパートナーは何と言っていましたか？	What did your partners say in the previous conversation?
新しい会話を始めましょう。	Let's start a new conversation.
右側／左側の生徒からスピーチをしましょう。	Students on the right / left will make a speech first.
スピーチの後、聞く人は３つよいところを言ってください。	After the speech, listeners will say 3 good points.
聞く人はアイコンタクトをとって、よい反応（リアクション）をしましょう。	Listeners will keep eye contact and make good reactions.
聞く人はアイコンタクトをとって、よい反応（リアクション）をしましょう。	Listeners should maintain eye contact and make clear reactions.

第４章 アクティブ・ラーニングの活動の進め方と基本フレーズ！

5 ALの基本的な活動4
クラスの学びが"見える化"できる「ミニッツペーパー」

授業の振り返りを短時間で

　ミニッツペーパーとは文字通り、数分で書ける小さな用紙のことです。付箋などを利用して、授業の疑問や感想などを素早く書いてもらいます。付箋に書いてもらえば、質問の種類などで分類して紙に貼り直すことで、クラスの学びをまとめることができます。

　授業の終わりに１人１枚付箋を渡します。付箋には、①授業で発見したこと、②授業でわかるようになったこと、③授業で疑問に思ったこと、わからなかったこと、④授業の感想、のどれかを記入してもらいます。

　付箋に書ける量は限られているので、１分程度で簡単に書かせて集めます。集めた付箋をA3サイズの紙に貼り、後でカテゴリーごとに付箋を貼り直して右ページのようにまとめます。

　付箋のよいところはこのような分類が容易にできることです。同じ項目を集めて分類するとクラスの学びの様子がよくわかります。疑問に思ったこと、わからなかったことについては、共通するものが多ければ、次の授業で生徒に投げかけます。

　生徒の疑問は教師が解説してしまうのではなく、まずはクラスに投げかけ、自分たちで考えさせるステップを踏みましょう。

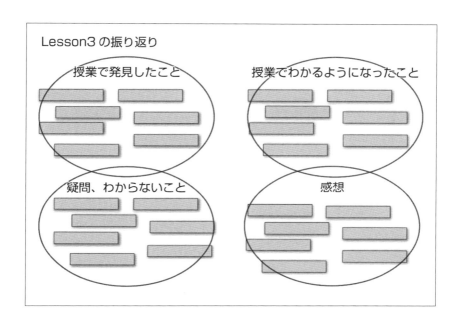

▶ミニッツペーパー（付箋）の別の使い方として、それぞれの英語の学び方を書いて模造紙に貼ってもらい、互いの学び方を共有するという活動も行っています。

これから各自に付箋を配ります。	I'll give you a post–it for each.
シートを１枚とって付箋を後ろにまわしてください。	Take one sheet and pass the post-it to the back.
付箋には次のことを書いてください。	On the post-it, I want you to write the following things.
１．今日の授業で発見したこと。	1. The things that you discovered in today's lesson.
２．今日の授業でわかったこと。	2. The things that you understood in today's lesson.
３．今日の授業で疑問に思ったこと。	3. The questions that you had in today's lesson.
４．今日の授業の感想。	4. The impressions of today's lesson.
これらから１、２点を書いてください。	I want you to write one or two things from these.
またはあなたの意見を書きたければ書いてもよいです。	Or if you want to write your opinion, you can write it.
もし質問が多すぎて書けなければ、直接聞いてください。	If you have so many questions that you can't write them on the sheet, you can ask me directly.
付箋がもっと必要ですか？	Do you need more post-its?
付箋を英語係に渡してください。	Give your post-it to the English class monitors.
大賀君、付箋をこの用紙に分類してもらえますか。	Mr. Ooga, could you categorize the post-its on this paper?

6 教科書本文を学ぶ1
自然に初見の英文に触れる「Guess Work」

リーディングを自然な流れで

　私たちが、ふだん、新聞や雑誌、本を読む時に、まず一番先に目に飛び込んでくるのが、絵や写真ではないでしょうか。**この活動は、教科書本文を読む前に、関連する絵や写真を見て、どんな話かを推測する活動です。**

　本文に関連する写真や絵を1枚のワークシートにして、生徒に配ります。生徒は話を想像して、推測したことや、写真から読み取れることについてのキーワードをワークシートに書き込んでいきます。

　この後、本文を読み進め、内容を理解した後、もう一度このワークシートを使って、内容を説明する活動（Oral Presentation）を行い、理解のチェックをします。

　つまり、教科書の絵や写真を説明できるようになることが、リーディングの1つの目標になるわけです。この段階では、うまく表現できなくても、「絵を説明できるように学んでいこう」という動機になります。できないことを動機として、学び続ける経験をさせましょう。そのためにも、先生の説明、補足は最小限にしましょう。

生徒が英文の内容を絵にまとめたシートをもとに話し合う様子

Guess Work（絵や写真を見て、本文の内容を推測する）

レッスン7の話を読む前に、推測する活動をしましょう。	Before reading the story of Lesson 7, I want you to do some guess work.
ワークシートのすべての写真（絵）を見てください。	Look at all the pictures on your worksheet.
これらはレッスン7に出てくる写真（絵）です。	These are the pictures from Lesson 7.
これらの写真からレッスン7の話を推測してください。	I want you to guess the story of Lesson 7 from these pictures.
写真(絵)の中には何が見えますか？	What can you see in the pictures?
写真(絵)の中には誰が見えますか？	Who can you see in the pictures?

これはどんな話だと思いますか？	What kind of story do you think this is?
話を推測するのに1分間与えます。	Now I'll give you 1 minute to guess what the story is about.
まずは、自分自身で話を推測しましょう。	First I want you to guess what the story is about on your own.
写真にキーワードを書き入れてもかまいません。	You can write keywords in the pictures.
辞書を使ってもかまいません。	You can use your dictionaries.

Think-Pair-Share

次にパートナーとアイデアをシェアしてください。	Next I want you to share the ideas with your partners.
パートナーに「写真に何／誰が見えますか」と聞いてください。	Ask your partners "What / Who can you see in the pictures?"
では、あなたの推測を教えてください。	OK. I want to know your guess.
クラスで考えを共有しましょう。	I want you to share your ideas with the class.
面白い考え／意見はありましたか？	Are there any interesting ideas / opinions?

7 教科書本文を学ぶ2
リラックスして読むことを楽しむ「ファイヤープレイスリーディング」

まずは自分の力で読んでみる

　ファイヤープレイスリーディング（Fireplace Reading）は暖炉（Fireplace）の前でくつろいで読書をしているイメージです。まずは、読んでみて、その後、わかったこと、わからないこと、興味を持ったことなどを意見交換します。

ファイヤープレイスリーディング　Fireplace Reading

では教科書の39ページを開いてください。	Now I want you to open your textbooks to page 39.
ファイヤープレイスリーディングをしましょう。	Let's do "Fireplace Reading".
あなたは今、リビングにいて、くつろいでいると想像してください。	Imagine you are in the living room and relaxing.
レッスン7の全体の話を読むのに5分間与えます。	I'll give 5 minutes to read the whole story in Lesson 7.
読んだ後に、面白いところや難しいところをシェアしてもらいます。	After reading, I want you to share the interesting points and difficult points.

辞書を使う必要はありません。	You don't have to use your dictionaries.
ただ、話を読むのを楽しんでください。	Just enjoy reading the story.
面白いところや難しいところに付箋をつけてください。	Put your post-its on the interesting or difficult parts.
すべてを理解する必要はありません。	You don't have to understand everything.
5W1H（What/Who/When/Where/Whose/How）を気にかけてください。	I want you to keep 5W1H on your mind.
では、読むのをやめてペアになってください。	OK. Stop reading and form pairs.
パートナーと読んだことについて話してください。	I want you to talk about what you read with your partners.
これらの便利な表現を使ってもよいです。	You can use these useful expressions.

〈知っていると便利な表現〉

この部分が面白いと思います。どう思いますか？	I think this part is interesting. What do you think?
この部分が理解できません。わかりますか？	I don't understand this part. Do you understand?
SがVすることを知っていましたか？	Did you know that S+V …?
○○の意味は何ですか？	What does "○○" mean?
この話は読んだことがあります。あなたはどうですか？	I have read this story before. How about you?

8 教科書本文を学ぶ3
協力して内容をつかむ「ジグソー法」

ストーリーをグループで協力して読み進める

　ジグソー法は、P.72でも紹介したように、グループのメンバーがそれぞれ、分割された異なる情報を持ち寄り、それらを合わせることによって全体を理解していく手法です。ジグソーパズルのピースをメンバーそれぞれが持ち寄ってパズルを完成させるイメージです。

　ここでは、教科書本文を4分割して、4人グループで分担し、読んで、その後情報を合わせて全体を理解していきます。

ジグソー法でストーリーを読む活動の進め方

①基本的な活動の説明をします

4人組をつくって机をつけてください。	Let's make groups of four and put your desks together.
ストーリーを4分割しました。	I divided the story into 4 parts.
それぞれのパートを四隅の壁に貼りました。	I put each part on the wall in the 4 corners.
各自に1つのパートを読んでもらいます。	I want each of you to read one part.
読む時は、ワークシートを持って行ってはいけません。	When you read, don't bring the worksheet with you.

読む時は、ワークシートを机の上に置いていきなさい。	When you read, leave your worksheets on your desks.
5分間与えます。	I'll give you 5 minutes.
5分後に、読んだことをグループでシェアしてもらいます。	In 5 minutes, I want you to share in groups what you read.

②4分割されたストーリーの要約を読んで伝えます（初級）

ストーリーの要約を壁に貼りました。	I have put the summary of the story on the wall.
要約を読んで、ワークシートを埋めてください。	I want you to read the summary and fill out your worksheet.

③4分割した教科書本文を読んで要約を伝えます（中級～上級）

ストーリーを4分割しました。	I have divided the story into 4 parts.
各自が1つのパートを読んで、キーワードを探してください。	I want each of you to read one part to get keywords.
各自が1つのパートを要約してください。	I want each of you to summarize the part.
文章の最初と最後の部分に気をつけてください。	Be careful for the first part and the last part of the passage.
それらは、文章の大切な箇所である可能性があります。	They can be the important points of the passage.

⑨ 教科書本文を学ぶ4
内容を英語の語順で理解する「サイトトランスレーションシート」

サイトトランスレーションシートとは

　意味のまとまり（チャンク）ごとにスラッシュを入れ、改行された英文を左に、対応する日本語のおおよその意味を右側に並列させたワークシートです。

◆本文例

　In Africa, scientists have discovered human fossils that are believed to be more than 2,000,000 years old. Among some of these fossils, simple tools have been found. Thus scientists know that those prehistoric people could make tools.

⬇　意味のまとまりごとにスラッシュを入れる

　In Africa, / scientists have discovered / human fossils / that are believed to be / more than 2,000,000 years old. // Among some of these fossils, / simple tools have been found. // Thus / scientists know / that those prehistoric people / could make tools. //

〈まとまりのヒント〉
　①カンマで区切る
　②接続詞で区切る
　③前置詞で区切る
　④わかりにくい主語で区切る　など

⬇ サイトトランスレーションシート

In Africa, /	アフリカでは
scientists have discovered /	科学者たちが発見した
human fossils /	人間の化石を
that are believed to be /	〜だと信じられている
more than 2,000,000 years old. //	200万年以上前の。
Among some of these fossils, /	これらの化石のいくつかの中には
simple tools have been found.//	単純な道具も見つかっている。
Thus /	このように
scientists know /	科学者は〜と知っている
that those prehistoric people /	これらの有史以前の人々は
could make tools. //	道具を作ることができたと。

⬇ 3Dサイトトランスレーションシート

```
    In Africa, /
scientists have discovered /
                human fossils /
                   ↑ that are believed to be /
                        more than 2,000,000 years old. //
```

　このように立体的に英文の構造がわかるように、ずらしたり、矢印を入れたりして工夫することもできます。

〈語句のずらし方〉
①文の根幹であるS＋V…を一番左にする
　②前置詞句（いつ、どこで）、副詞句（頻度、様子など）
　　③目的語、補語
　　　④関係代名詞は↑で先行詞を示す

10 教科書本文を学ぶ5 サイトトランスレーションの利用1
イメージがつかめる「Picture Drawing」

Picture Drawingとは

　文字通り、教科書本文を絵や図で表して、理解を深める活動です。日本語を介さず英語を理解していくには、意味を頭の中で、映像としてイメージ化することが大切です。サイトトランスレーションシートを使って、語句の意味を確認しながら、本文を絵にしていきます。

活動の指示

サイトトランスレーションシートを出してください。	Could you take out your sight translation sheets?
1段落を読んで、ストーリーの絵を描いてください。	Read paragraph 1 and draw pictures of the story.
左側の英語を読んでみましょう。	Try to read English on the left side.
もし、英語がわからない場合は、日本語訳を素早くチェックしてもかまいません。	In case you don't understand the English, you can check the Japanese translation quickly.
ノートの新しいページを開けてください。	Open a new page of your notebooks.
絵は大きくはっきり描いてください。	Draw large and clear pictures.

後で、ペアでストーリーを説明するのにあなたの絵を使います。	Later, you will use your pictures to explain the story in pairs.
絵を描くのに3分間あげます。	I'll give you 3 minutes to finish drawing your pictures.

ペアで絵を説明する

　ペアになって描いた絵の内容を説明し合います。この段階では、まだ内容を十分に理解してはおらず、発音もあいまいでしょう。ですから、できる範囲で、絵を説明します。

ペアをつくって、向かい合いましょう。	Please make pairs and face your partners.
じゃんけんをして勝った人からプレゼンテーションをしてください。	Play rock-scissors-paper and winners start the presentation.
プレゼンテーションは2分で終わらせましょう。	You should finish your presentation in 2 minutes.
話した後、パートナーのプレゼンテーションや絵について3つよかったところを言ってください。	After talking, make three good points about your partners' presentation and pictures.
例えば、アイコンタクトがよかったり、発音が正確だったり、絵がよかったりなどです。	For example, good eye contact, accurate pronunciation or nice-looking pictures.

　導入の段階で、「できないこと」を感じることは重要です。はじめから、すべてをできるよう、失敗しないように丁寧に教えすぎると、生徒は教師に依存するようになり、間違いを恐れるようになります。ここでは、「絵を使って教科書の内容を英語で話す」ことができるようになりたいという動機になるよう、支援しましょう。

11 教科書本文を学ぶ6 サイトトランスレーションの利用2
シートを利用した発音の学び方

発音を自ら学べるようにする仕掛け

　本文の意味がある程度つかめれば、次は音読に挑戦です。新しい内容の音読をさせる時、まず、自分たちで音読に挑戦させましょう。もちろん、初出の単語はうまく発音できないでしょう。しかし、失敗して当たり前（Enjoy making mistakes.）という精神が大切です。失敗した後、ネイティブの音声を聞かせると、自分の発音との違いに自ら気づくようになります。

Small Teachers（パートナーが先生役になります）

サイトトランスレーションシートを出してください。	Please take out your sight translation sheet.
じゃんけんをして勝った人が「スモールティーチャー」になります。	Play rock-scissors-paper and winners will be "small teachers".
スモールティーチャーは行ごとにモデルリーディングをしてください。	"Small teachers" will do model reading line by line.
負けた人は、あなたの「スモールティーチャー」の後を繰り返してください。	Losers, repeat after your "small teachers".
リピートする時は、ワークシートを見ないでください。	When you repeat, don't look at your worksheet.

パートナーの手本をよく聞いてください。	Listen to your partners' model carefully.
もし、文が繰り返すのに長すぎたら、短いフレーズにしてもよいです。	If the sentence is too long to repeat, you can make it into short phrases.
「スモールティーチャー」は大きく、はっきりと読んでください。	"Small teachers" should read in a loud and clear voice.
正しい発音がわからなかったら、発音を想像してみましょう。	If you don't know the correct pronunciation, guess the pronunciation.
間違いを楽しんでしまいましょう。	Enjoy making mistakes!

　発音も、最初からすべて、丁寧に、教えすぎてしまうと、生徒は発音するのを恐れるようになります。この活動では、間違った発音をペアに聞かれてしまいます。少々恥ずかしいかもしれませんが、「間違えて当たり前」「間違いを楽しもう」という精神が大切です。

発音を修正する

これからCDを流します。正しい発音を聞いてください。	Now I'll play the CD. Listen to the correct pronunciation.
ステファニーが単語ごとに発音します。	Stephanie will read word by word.
注意深く聞いて、繰り返してください。	Listen carefully and repeat.
"famine"はどう発音しますか？	How do you pronounce "famine"?
"f"の音に気をつけてください。	Be careful about the sound of "f".

12 教科書本文を学ぶ7 サイトトランスレーションの利用3
素早い反応を育てる「クイックレスポンス」

クイックレスポンスとは

　サイトトランスレーションシート（STシート、次ページ写真①）を使って、行ごとに英語を日本語に直したり、日本語を英語に直したりしていく活動です。文字通り、素早く応答することがポイントです。

「クイックレスポンス」の活動の進め方

では、サイトトランスレーションシートを出してください。	OK. Take out your sight translation sheet, please.
じゃんけんをして勝った人が、英語を行ごとに読んでください。	Play rock-scissors-paper and winners will read English line by line.
負けた人は、それを簡単な日本語に翻訳してください。	Losers will translate it into simple Japanese.
勝った人は、パートナーにヒントを与えることもできます。	Winners can give your partners some hints.
負けた人は、素早く反応しなければなりません。	Losers should respond quickly.
負けた人は、ワークシートを見ないでください。	Losers, don't look at your worksheet.

じゃんけんをして勝った人が、英語を行ごとに読んでください。	Play rock-scissors-paper and winners will read English line by line.
次は日本語から英語に翻訳してみましょう。	Next, we'll try Japanese-English translation.
このように、紙を折ってください。	Please fold your paper like this.
日本語の部分で英語の部分が半分隠れるように紙を折ってください。（写真②参照）	Fold your paper to hide half the English part with the Japanese part.

①STシート　　　②STシートの折り方

出典：啓林館、平成27年度版『ELEMENT English Communication Ⅰ』Lesson8より

最後にバックトランスレーション※に挑戦しましょう。	Finally, I want you to try "Back Translation".

※バックトランスレーションとは翻訳の精度を高めるための技術として生まれたものです。

勝った人は英語で１行読んでください、負けた人はそれを日本語に直してください。	Winners will read one line in English and losers translate it into Japanese.
勝った人は、パートナーの日本語をもう一度英語に直してください。	Winners will translate your partners' Japanese into English again.

第4章　アクティブ・ラーニングの活動の進め方と基本フレーズ！

13 教科書本文を学ぶ8 サイトトランスレーションの利用4
暗唱につながる「Read and Look up」

Read and Look upとは

　サイトトランスレーションシートの左側（英語）を使います。教師やパートナーの"Read!"の声で、1行を頭に入れ、"Look up!"で顔をあげ、アイコンタクトをします。"Say!"の合図でその英語を暗唱して発話します。この一連の流れをRead and Look upと言います。

Read and Lool upの活動の進め方

①教師対生徒で活動に慣れさせます

Read and Look upをしましょう。	Let's do "Read and Look up".
サイトトランスレーションシートの1行目を読んでください。	Read the first sentence of the sight translation sheet.
顔を上げて私と目を合わせてください。	Look up and have eye contact with me.
その英語を言いなさい。	Say it.
私の後に繰り返してください。（正しい発音のチェック）	Repeat after me.
次の行を読んでください。	Read the next line.

顔を上げて。	Look up!
言いなさい。	Say it!

②生徒対生徒で活動させます

　教師対生徒で慣れ親しんだ活動は、次は生徒同士で活動させましょう。自立した学習態度を育て、「教えない授業」に近づきます。

Read and Look upをペアでやりましょう。	Let's do "Read and Look up" in pairs.
ペアをつくって、向かい合ってください。	Make pairs and face your partners.
じゃんけんをして勝った人が「スモールティーチャー」になります。	Play rock-scissors-paper and winners will be "small teachers".
スモールティーチャーはRead and Look upを始めてください。	Small teachers, start "Read and Look up", please.
パートナーとアイコンタクトを取っていますか？	Are you keeping eye contact with your partners?

14 教科書本文を学ぶ9 サイトトランスレーションの利用5
耳と書くことがつながる「Dictation」

Dictationとは

　Dictationとは、聞こえた英語をそのまますべて、書き取る活動のことです。サイトトランスレーションシートの左側の英語を行ごと、または文ごとに読み、書き取っていきます。

Dictationの活動の進め方

①教師対生徒で活動に慣れさせます

Dictationをしましょう。	Let's do dictation.
ノートを開いてください。	Open your notebooks.
1行／1文を読みますのでノートに書き取ってください。	I'll read a line / sentence and write it down on your notebooks.
もう一度言ってほしいですか？	Do you want me to say it again?
次の行／文を読んでもよいですか？	Can I read the next line / sentence?
綴りがわからないなら、綴りを想像しましょう。	If you don't know the spelling, guess the spelling.

②生徒対生徒で活動させます

Dictationをペアでやりましょう。	Let's do dictation in pairs.
じゃんけんをして勝った人が「スモールティーチャー」になります。	Play Rock-Scissors-Paper and winners will be "small teachers".
スモールティーチャーは最初の行／文を読んでください。	Small teachers will read the first <u>line</u> / <u>sentence</u>, please.
負けた人はノートにそれを書いてください。	Losers will write it down on your notebooks.
終わったら、教科書を開いて、スペリングのチェックをしてもいいです。	If you finish, you can open your textbook to check the spelling.

③自学につなげます
〈CDや音声ファイルを使って〉

家でDictationする時は、CDやオーディオファイルを使いましょう。	When you do dictation at home, use the CD or audio file.
再生し、書いている間は一時停止させましょう。	Play it and pause it while you are writing it.

〈Read and Write〉Read and Look upの「書く」バージョンです。

サイトトランスレーションシートの1行目を読んでください。	Read the first sentence of the sight translation sheet.
それをノートに書いてください。	Write it on your notebooks.

〈音読筆写〉

　音読できるようになった文章を書けるようにするには、音読しながら英文を書くこと（音読筆写）が効果的です。

15 教科書本文を学ぶ10
全員の理解が深まる「Question Answering」

Q&Aをペアワークで何度も練習

　教科書の内容をQ&Aで確認していくことは、よく行われている活動だと思います。しかし、多くの場合、教師対生徒で、一度きり確認をして終わってしまいます。これでは、多くの生徒の理解は深まりません。下のようなQuestion Answering Sheetを作り、模範解答を使いながらペアで何度も内容を確認すると全員の理解が深まります。

Question Answering
Pairwork Time （　：　／　：　／　：　）
1　Who went to the library?
2　Why did he / she go to the library?
3　Where did he / she go after the library?
・
・

------------------------------- fold here -------------------------------

Model Answers
1　William did.　2　He wanted to know how to generate electricity.　3　He went to the junk yard. …

活動の確認と指示

〈自分で考える〉

内容の理解をチェックするために Question Answeringをしましょう。	Let's try Question Answering to check your understanding.
模範解答が見えないようにワークシートを折ってください。	Fold your worksheet so you can not see the model answers.
ノートを出して、答えをノートに書いてください。	Take out your notebook and write your answers on your notebooks.
すべての問題に答えるのに10分あげます。	I'll give you 10 minutes to answer all the questions.
終わったら、ワークシートを開いて、解答をチェックしてください。	If you finish, you can open the sheet and check your answers.

〈ペアで理解を深める〉

ペアでQuestion Answeringを練習しましょう。	Let's practice Question Answering in pairs.
内容の理解をチェックするために Question Answeringをしましょう。	Let's try Question Answering to check your understanding.
じゃんけんをし、勝った人は奇数番号の質問をしてください。	Play rock-scissors-paper and winners, ask odd numbered questions.
負けた人は偶数番号の質問をしてください。	Losers will ask even numbered questions.
すべての質問を終えたら、スクリーンのタイマーを見てください。	If you finish all the questions, look at the timer on the screen.
所要時間をワークシートに記入してください。	Write your time on your worksheets.

16 教科書本文を学ぶ11 AL授業の醍醐味！「Question Making」

Question Makingとは

　文字通り、教科書本文に関する問いを自分たちで作っていく活動です。学年が進むにつれて、授業やテストで「問われる」経験は増えていきます。生徒はこれらの経験をもとに、自ら「問い」を立てられるようになるのです。質問は以下のように分類されます。

①単語や文などの意味を問うもの

　例　What does "conscious" mean?
　　　「"conscious"の意味は何ですか？」
　例　What does "them" refer to?
　　　「"them"の指すものは何ですか？」

②文法や語彙の知識を問うもの

　例　Choose the best word or phrase from among the four choices.
　　　「最も正しい単語または句を4つから選びなさい」
　　　　I have (　　) to New York twice.
　　　　1 am　2 be　3 went　4 been

　例　What is the synonym / antonym of "agree"?
　　　「"agree"の同意語／反意語は何ですか？」

③教科書の内容を問うもの

Yes/No question
例　Is Mike from Australia? / Did William go to the park?

Wh-Question
例　What did Mike do yesterday? / Where did Aya go?

④教科書の内容から発展したオープンクエスチョン
例　What did you learn from Steve Jobs's speech?

活動の指示

4人組をつくって机をつけてください。	Make groups of four and put your desks together.
Lesson 7のオリジナルの質問を作りましょう。	Make original questions about Lesson 7.
1つの付箋に1つの質問を書いてください。	Write one question on one post-it.
紙に付箋を貼ってください。	Put the post-its on the paper.
次の項目に従って、質問を分類してください。	Categorize your questions depending on the following categories.
1　単語や句、文の意味を問うもの。	1. Questions about meaning of words, phrases and sentences.
2　語彙や文法を問うもの。	2. Questions about vocabulary and grammar.
3　内容を問うYes/NoクエスチョンやWhクエスチョン。	3. Yes/No questions and Wh-questions about the story.
4　内容から発展したオープンクエスチョン。	4. Open questions from the story.

17 教科書本文を学ぶ12 プレゼン力が伸びる「Oral Presentation」

Oral Presentationとは

　教科書で学んだ内容を要約し、自分の感想や意見を付け加えて発表するのがOral Presentationです。各レッスンの最後にこの活動を置くと、生徒にとってわかりやすいゴール（目標）となります。

　教科書の内容の絵や写真のポスターやプロジェクタで映し出されたものを使います。中1では、指を差しながら台詞を言うだけでよいでしょう。少しずつ感想や聞き手への質問を入れていきます。中2では、ディスカッションを意識し、"In Lesson 3, Mike said, '...', but I think ...."など議論に使える表現を導入していきます。中3から高校生では、「自分の意見」に重きを置き、教科書の内容は引用程度でよいでしょう。

個人での練習

Oral Presentationの練習をしましょう。	Let's practice Oral Presentations.
Oral Presentation sheetを出してください。	Please take out your Oral Presentation sheets.
ワークシートの絵を使って、Lesson 2の内容を話してください。	Tell the story of Lesson 2 using pictures on the worksheets.

ペアでの練習

ペアをつくってOral Presentationの練習をしましょう。	Please make pairs and practice Oral Presentations.
じゃんけんをして勝った人がプレゼンを始めます。	Play rock-scissors-paper and winners will start the presentation.
勝った人は、絵を指差しながら、内容を話してください。	Winners, point to the pictures and tell the story.
内容を話した後、あなたのコメントや意見を付け加えてください。	Add your comments or opinions after telling the story.
相手に質問をしてもかまいません。	You can ask questions to your partners.
負けた人は相手の発表に、よいリアクションをしましょう。	Losers, give positive feedback about your partners' presentations.
負けた人は、プレゼンについて3つ以上よいところを言ってください。	Losers, tell more than 3 good points about the presentations.
では、交代しましょう。負けた人は、発表をしてください。	OK. Switch parts. Losers will make presentations.
もし、話を思い出すのが難しければ、絵の中にキーワードを書いてもよいです。	If it's difficult to remember the story, you can write some key words on the pictures.
聞いている人の理解をチェックするために、アイコンタクトをしましょう。	You should keep eye contact to check for your listener's understanding.
7月4日にOral Presentationのテストをします。	We'll have an Oral Presentation test on July 4th.

18 教科書本文を学ぶ13
協力して内容を深める「ポスターツアー」

ポスターツアーとは

　ここでいうポスターとは教科書で学んだ内容を模造紙などの大きめの紙にまとめたものを指します。教科書の内容を4分割し、4人組のメンバーの一人ひとりが担当する箇所を決めます。学んだ内容を絵や図にしてポスターを完成させます。できたポスターを教室の壁4箇所に貼り、4人組で1つずつ見て回ります。この時担当したポスターを英語で説明します。

　このように異なる情報の書かれたポスターをツアーのようにグループで見て回る活動をポスターツアーと言います。

ポスターツアーの活動の進め方

ポスターツアーをしましょう。	Let's try having a Poster Tour.
4人組をつくって、机をつけましょう。	Make groups of four and put your desks together.
話を4つに分割してください。	Divide the story into 4 parts.
それぞれの生徒が1つのパートを担当します。	Each student will be in charge of one part.
紙にあなたのパートの絵やキーワードを記入してください。	Draw pictures and write key words about your part on the paper.

後で、あなたのポスターを壁に貼ります。	Later I'll put your posters on the wall.
それぞれがあなたの絵を使ってそのパートの説明をしてもらいます。	I want each of you to use your own pictures to explain your parts.
ポスターを仕上げるのに15分あげます。	I'll give you 15 minutes to finish your posters.
1番目のパートを担当した生徒は、ポスターを前の黒板に貼ってください。	The students who made posters about the 1st part, put your posters on the front blackboard.
2番目のパートを担当した生徒は、ポスターを右の壁に貼ってください。	The students who made posters about the 2nd part, put your posters on the wall on the right side.
3番目のパートを担当した生徒は、ポスターを後ろの黒板に貼ってください。	The students who made posters about the 3rd part, put your posters on the back blackboard.
4番目のパートを担当した生徒は、ポスターを左の壁に貼ってください。	The students who made posters about the 4th part, put your posters on the wall on the left side.
ポスターツアーを始めましょう。	Let's start the Poster Tour.
グループは一緒に動いてください。	The group should move together.
それぞれの生徒は自分のポスターを説明してください。	Each student will explain your poster.
よりよく理解するために他のよいポスターを使ってもかまいません。	To better understand, you can use other good posters.

19 教科書本文を学ぶ14
書く力をつける「Story Writing of the Picture」

教科書の絵を英語で描写する

　Story Writing of the PictureはOral Presentationのライティング版です。教科書の絵や写真を見ながら、学んだ内容を英語で書いていきます。読めるようになったこと、話せるようになったことは、最後に書くことで締めくくるとよいでしょう。

活動の進め方

ストーリーライティングを始めましょう。	Let's start Story Writing.
Oral Presentationシートを出してください。	Take out your Oral Presentation sheet.
ノートに絵の内容を英語で書いてください。	Write the English story of the pictures on your notebooks.
内容を書いたら、感想や意見を書いてください。	After writing the story, write your comments and opinions.
スペリングを忘れたら、辞書を使ってもかまいません。	If you forget the spelling, you can use your dictionaries.
この活動に5分与えます。	I'll give you 5 minutes for this activity.

では、パートナーとノートを交換しましょう。	Now exchange your notebooks with your partners.
教科書を開けて、パートナーの英語をチェックしましょう。	Open your textbooks and check your partners' English.

絵を描写する問題

　絵を描写する問題は入試や検定試験でも出題されています。初めて見る絵について英語で話したり、書いたりする活動は生徒の英語力だけでなく、想像力も育てていきます。

2　(A)　下の絵に描かれた状況を簡単に説明したうえで、それについてあなたが思ったことを述べよ。全体で60〜80語の英語で答えること。

出典：2015年度東京大学入試問題より。

第4章　アクティブ・ラーニングの活動の進め方と基本フレーズ！

20 教科書本文を学ぶ15
英語で議論しよう！「ディベート」と「ディスカッション」

ディベートは難しくない

　松本茂先生（立教大学）は、英会話、ディスカッション、ディベートの中で、ディベートが最も取り組みやすいと、著書や講演の中で述べています。ディベートは賛成、反対の立場も明確に分かれていて、自分と相手の立場もはっきりしているので、話すべき内容が限定されているからです。教科書の題材に合わせて、賛成、反対の意見を出しやすい論題を作るとよいでしょう。"Do you agree with Tom's opinion?"「トムの意見に賛成ですか？」などは汎用的に使えます。

　布村奈緒子先生（都立両国高校）は、4人組で下のような役割を与えることで、スムーズにディスカッション、ディベートを取り入れています。役割を交代させながら、賛成、反対両方の立場になることで、多様な考え方を身につけることができます。

Chair Person 司会	Note Taker 記録
Affirmative 賛成	Negative 反対

ディスカッションやディベートに使える表現を導入しましょう

教科書の学習などでも、積極的にディスカッションやディベートに使える表現を導入していきましょう。中学校1年生でも、"Do you agree with Tom's opinion?"などから導入していきましょう。最初は理由までは言えなくても、"Yes, I do. I agree with his opinion." / "No, I don't. I disagree with his opinion."でよいと思います。賛否を言う経験をさせることによって、自分の意見を考えながら聞いたり、読んだりするようになります。

意見を言いたくなるトピックを探しましょう

教科書の題材がすべて意見を言いやすいものではありません。意見の言いやすいトピックを探して集めておくとよいでしょう。TOEFLなどライティングやスピーキングのタスクは面白いものがたくさんあります。論題を理解し、賛否を言うことから始めましょう。

例 TOEFLのWritingエッセイのタスクより
Do you agree or disagree with the following statement?

- All students should be required to study art and music in secondary school.
- Only people who earn a lot of money are successful. Use specific reasons and examples to support your answer.
- Playing a game is fun only when you win.
- It is better for children to grow up in the countryside than in a big city.

活動の指示

このレッスンでは、トムはすべての日本の高校生は修学旅行で海外に行くべきだと考えています。	In this lesson, Tom thinks that all high school students in Japan should go abroad on their school trip.
この意見について議論しましょう。	Let's discuss this opinion.
賛成の生徒は、トムの意見を支持しましょう。	The affirmative students should support Tom's opinion.
反対の生徒は、トムの意見に反対しましょう。	The negative students should oppose Tom's opinion.
司会者は両方の意見を公平に聞きましょう。	The chairpersons should listen to both opinions equally.
記録者は後で議論を報告できるようにメモをとってください。	The note takers should take notes to report the discussion later.
議論するのに5分与えます。	I will give you 5 minutes to discuss it.
では、役割を交代しましょう。	OK. Let's change roles.
では、1班の記録者は、グループの議論を報告してください。	Now, group 1's note taker, could you report your group's discussion?
個人的にはトムの意見をどう思いますか？	What do you personally think of Tom's opinion?

第5章

文法とライティングを学ぶためのアクティビティと基本フレーズ！

この章では文法の学び方に迫っていきます。英語による文法の導入、定着をさせるための活動で使えるフレーズを集めました。後半ではコンピュータの使い方やライティングの指導についても触れていきます。

1 アクティブ・ラーニングで文法とライティングをどう学んでもらうか？

英語で行う授業で文法学習を導入するには

　新しい文法を導入する時は、先生との対話や生徒同士の対話の中で、おぼろげながらも大体の場面や意味を自然に理解していくことが第一歩になります。英語でのやり取りですから、始めは完全に理解できないモヤモヤ感が残るかもしれません。この時、先生の性として、文法の説明をしたくなるかもしれません。しかし、説明することを我慢し、この後様々な方法で文法の理解を深め、生徒が自ら「気づく」過程を大切にしましょう。

　この時大切なのは、絵や写真、先生のジェスチャーなどで、新しい文法が使われている場面を想像しやすくする導入を行うことです。レストランや駅の雑踏などの効果音も想像力をかきたてます。さらに、文法の意味を推測しやすくするための文脈も重要です。ペアで場面を理解し、会話のやり取りを通しながら、大まかな意味をつかんでいくイメージです。

文法の理解を深めながら定着させるには

　大まかにわかったことを、整理し、意味や使用場面を理解するためには、ドリルを行ったり、例文集を作るなどといった地道な活動が必要になります。これらの活動は家庭学習力にもつながるので、授業で生徒同士のやり取りを通して、自立して取り組ませることが重要です。

文法を知識としてまとめていくには

　最後には、文法の使い方や意味などをまとめましょう。これまでの一斉授業では、先生がポイントを板書して、生徒がノートにまとめることが多かったと思います。**文法のまとめも生徒に預けましょう。教科書の文法のコーナーや文法書を使って、１枚の紙にまとめさせ、よい作品を全員にコピーします。生徒が作ったワークシートで授業をするのです。**生徒自作のワークシートを使うことによって、たとえ先生がそれを解説したとしても、生徒は自分たちのレールに乗って先生が授業を進めていると感じるようになります。

文法の間違いを減らしていくには〜ライティングの指導を通して

　ライティングの添削で一番大変なのは文法や綴りの直しでしょう。いくら直しても、生徒はなかなか覚えません。ライティングの指導で一番大切なのは、Accuracy（文法や綴りなどの正確性）よりFluency（表現したいことをいかに滑らかにアウトプットするか）です。ですから、**間違いを直すより、生徒の書いたことに感想を書いてあげましょう。英語で書いたことが通じたと生徒に感じさせることが第一歩です。**

　文法などの誤りは、生徒同士のやり取り、読み合いの中で気づかせていきましょう。ワークシートを回し読みをしたり、ペアで活動をさせながら、感想を言い合います。その中で、誤りを見つけた場合はアンダーラインをし、文法の誤りにはＧ（Grammarの頭文字）、綴りの誤りにはＳ（Spellingの頭文字）をつけさせます。先生が添削で誤りを訂正する場合も、この程度にとどめましょう。生徒が自分自身で友達から学び、誤りを訂正できるようになっていくことが自立した学習者に近づく一歩です。これも時間がかかりますが、数ヵ月単位で粘り強く指導しましょう。

2 文法を学ぶ1
教師とのやり取りで学ぶ

未知のものに自然に触れさせる

　中学校初期の英文法は、教師対生徒の自然なやり取りの中で、気づかせることができます。例えば、"What's your name?" に答えられる生徒に、"Where are you from?" と聞きます。Where が初出であれば、「えっ？」となります。この「えっ？今の何？」という感覚が大切です。他の生徒にも質問を繰り返し、生徒の頭の中に「？」を増やしていきます。未知のものへの興味が、知りたいという欲求に変わっていきます。そこで、"I'm from Shinagawa, Tokyo." と続けます。写真などを使って、「出身」を言う表現だと気づかせていきます。大きな仕掛けはありませんが、生徒に「未知のものを知りたい」と思わせていくことが英語学習では大切です。

文法の導入例1〜 When の導入

あなたの名前は何ですか？	Teacher : What's your name?
私の名前はユカです。	Student A : My name is Yuka.
あなたの名前は何ですか？	Teacher : What's your name?
私の名前はケンタです。	Student B : My name is Kenta.
あなたの誕生日はいつですか？	Teacher : When is your birthday?

…？（えっ。何？？）	Student C : …?
あなたの誕生日はいつですか？	Teacher : When is your birthday?
…？（えっ。何？？）	Student D : …?
私の誕生日は４月７日です。	Teacher : My birthday is April 7th.
あなたの誕生日はいつですか？	Teacher : When is your birthday?
私の誕生日は６月６日です。	Student E : My birthday is June 6th.

文法の導入例２〜過去形の導入

先生：ふだん何時に起きますか？	Teacher : What time do you usually get up?
生徒Ａ：私は（いつも）６時半に起きます。	Student A : I (usually) get up at 6:30.
先生：この前の日曜日に何時に起きましたか？	Teacher : What time did you get up last Sunday?
生徒Ｂ：…？（えっ。何？？）	Student B : …?
先生：私はこの前の日曜日、８時に起きました。	Teacher : I got up at 8 last Sunday.
先生：この前の日曜日に何時に起きましたか？	Teacher : What time did you get up last Sunday?
生徒Ｂ：私はこの前の日曜日に７時半に起きました。	Student B : I got up at 7:30 last Sunday.

3 文法を学ぶ2 会話の中で学ぶ

場面を明確にした会話の中で学ぶ

文法は、その文法が使われている日常の場面を結びつけると理解しやすくなります。CDがあれば、その会話を聞かせて、どんな場面なのかを想像させます。その後、会話のスクリプト(台本)をペアで練習し、自然に文法の表現に慣れていきます。

ここでは、教材『Step Up Talking』(山本崇雄著、浜島書店)を使った、中学校で習う文法項目の学習方法を紹介します。

Step 1(場面を想像する)

では、Step Up Talkingを出しましょう。	Now let's take out *Step Up Talking*.
まだ本は開かないでください。	Don't open your book yet.
まず、CDをかけます。	First, I'll play the CD.
彼らがどこにいるか想像しましょう。	I want you to guess where they are.
彼らは何について話しているのでしょう?	What are they talking about?
CDを注意深く聞いてください。	Listen to the CD carefully.

あなたの考えをパートナーと共有しましょう。	I want you to share your ideas with your partners.

Step 2（モデル会話を練習する）

モデルの会話を練習しましょう。	Let's practice the model conversation.
CDを聞いて繰り返してください。	Listen to the CD and repeat.

Step 3（関連表現を練習する）

便利な表現を練習しましょう。	Let's practice the useful expressions.
CDを聞いて繰り返してください。	Listen to the CD and repeat.

Step 4（自己表現活動）

パートナーとじゃんけんをしましょう。	Please play rock-scissors-paper with your partners.
勝った人はAのパートを、負けた人はBのパートをやってください。	Winners will play part A and losers will play part B.
パートナーの答えをメモしましょう。	Please take notes on your partners' answers.

Step 5（ライティング活動）

友達との会話について書いてください。	I want you to write about the conversations with your friends.

4 文法を学ぶ3
例文を集めて学ぶ「My Phrase Notebook」

教科書や文法書の例文から文法を学ぶ

　海外の文法書には、自然な表現がたくさんあります。教科書の本文に出てくる表現にそれらを加えて、例文集を作ると文法の理解が深まります。僕の授業では、『Basic Grammar in Use』(Cambridge University Press) や『ELEMENTS of SUCCESS』(Oxford University Press) を使って、例文を増やしています。

MPノート（My Phrase Notebook）の作り方

　ノートの左ページに例文を、右ページに日本語訳を書きます。通し番号をつけさせ、例文の数を増やしていきます。例文をただ写すだけでなく、主語を自分にしたり、友達や家族の名前にしたりして、自己表現につなげていきます。

教科書から例文を探す

教科書38ページを開けてください。	Open your textbooks to page 38.
文法のターゲットセンテンスを見てください。	Look at the target sentence of the grammar.

38ページからこの文法の例文を探してください。	Find the examples of the grammar from page 38.
動詞の形に気をつけてください。	Be careful of the form of verbs.
ノートの左側のページに例文を書いてください。	Write the examples on the left (hand side) page of your notebooks.
日本語訳を右側のページに書いてください。	Write the Japanese translations on the right (hand side) page of your notebooks.

文法書から例文を探す

Basic Grammarの89ページを開けてください。	Open *Basic Grammar* to page 89.
"Be動詞＋~ing" の例文をノートに書いてください。	Write the examples of "be + ...ing" on your notebooks.
主語を友達の名前に変えてもかまいません。	You can change the subjects (*shugo*) to your friends' names.
主語を変えた時、動詞の形に気をつけてください。	When you change the subjects, be careful about the form of verbs.
ノートをパートナーと交換してください。	Exchange your notebooks with your partners.
スペリングと文法をチェックしてください。	Check the spelling and grammar.
もし間違いを見つけたら、その部分にアンダーラインをしてください。	If you find some mistakes, underline the part that is incorrect.

5 文法を学ぶ4
ワークシートを作成する

文法のまとめのワークシートを作る

　文法のまとめのワークシートや板書は教師が作ることが多いと思います。しかし、自学力を高め、主体的な学習者を育てるためには、文法のまとめも生徒に行わせましょう。具体的にはA4の白い紙を渡し、自由にまとめさせます。最後は、一番よくできたワークシートを印刷して全員に配り、文法のまとめの授業を行います。

　しかし、いきなりまとめろと言われても難しいので、まとめ方についてはアドバイスしましょう。最近の教科書は、文法のまとめのページが充実しています。文法書を使っている学校もあるでしょう。これらを使って、授業中に出てきた例文と関連づけながら文法のまとめを紙に自由に書いていきます。

活動の指示

これから1枚の白い紙を渡します。	I'll give you a piece of white paper.
文法のポイントを理解するオリジナルのワークシートを作ってもらいます。	I want you to make your own original worksheet to understand the grammar point.
教科書125ページを参照してもかまいません。	You can refer to page 125 of the textbook.

教科書の表現を使うのはよい考えです。	It's a good idea to use the expressions from the textbook.
授業で使った例文も使いましょう。	Use the examples used in our classes.
一番よくできたワークシートを全員にコピーします。	I'll copy the best worksheet for everyone.
次の授業までに終わらせてください。	I want you to finish it by the next class.
次の授業で、あなたのワークシートを使って文法のポイントを説明してもらいます。	In the next class, I want you to explain the grammar point using your worksheets.

生徒のワークシート作品例（不定詞のまとめ）

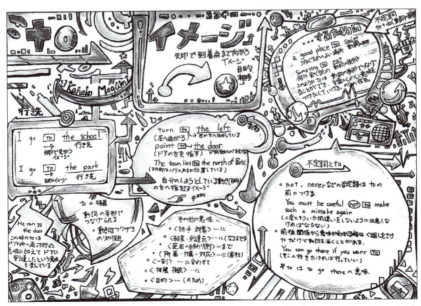

（作成者：金子愛：当時、中2）

6 文法を学ぶ5
協力して完成させる「Paper-go-around」

Paper-go-aroundとは

　まず、20問ほど文法の一問一答形式の問題を作り、ワークシートにして生徒に配布します。生徒は、その中から、自分で1問選び答えを記入し、「Written by」のところに自分の名前を記入します。次に、クラスの誰かとワークシートを交換します。交換したら、前の人が書いた未チェックの解答をチェックし、間違っていれば直し、「Checked by」のところに名前を書きます。そして、別の1問を選び解答し、別の人とワークシートを交換するのを繰り返します。**このようにワークシートをクラス内でぐるぐる回しながら、クラスの力でワークシートを完成させる活動です。**クラスメートの名前で埋まったワークシートで復習をし、最終的には自力で解けるようにします。

活動の指示

Paper-go-aroundを始めましょう。	Shall we start Paper-go-around?
1問選び、答えてください。	Pick one question and answer it.
答えを書いたら、名前を書いてください。	After writing your answer, write your name.
誰かとワークシートを交換してください。	Exchange your worksheet with somebody.

まず、友達の解答をチェックしてください。	Check the friend's answer first.
間違いを見つけたらカラーペンで直してください。	If you find mistakes, correct it with a color pen.
友達の解答をチェックしたら、名前を書いてください。	After checking the friend's answer, write your name.
別の問題に解答し、名前を書いてください。	Answer another question and write your name.
もう一度ワークシートを誰かと交換してください。	Again, exchange your worksheet with somebody.
できるだけたくさんの問題に答えましょう。	Answer as many questions as you can.
時間です。答えるのをやめてください。	Time is up. Stop answering questions.
ワークシートを元の持ち主に返してください。	Please return the worksheet to the original owners.
文法のポイントを理解するために、すべての解答をチェックしてください。	Check all the answers to understand the grammar point.

Paper-go-aroundのワークシート例

```
                                    (name：            )
   A. Choose the correct words for each.
 (1) She kept _____ about her son's future.
                         (Written by     Checked by     )
        1 think   2 thinking   3 thought   4 to think   (教p.62)
 (2) The comedian seems _____ by most people.
                         (Written by     Checked by     )
        1 forget   2 forgetting   3 forgotten   4 to forget   (教p.62)
```

7 文法を学ぶ6
コンピュータを使った活動で学ぶ

複数の生徒で１台のコンピュータを使う

　１人１台のコンピュータやタブレット端末を使える環境が整いつつあります。しかし、ここであえて複数の生徒で１台のコンピュータを使うことを提案します。複数の生徒で１台のコンピュータを使うと、１つの画面をもとに、議論が生まれ、能動的な活動になっていきます。

世界一を見つけて発表しよう

今日は、いくつか世界記録を見つけてもらいます。	Today I want you to find some world records.
例えば、一番大きい湖、一番長い川、一番高い建物…。	For example, the largest lake, the longest river, the tallest building… .
情報を探すのにコンピュータを使ってもよいです。	You can use computers to search for the information.
それぞれのグループで議論を活性化する／作るために１台のコンピュータをシェアしてください。	Each group will share one computer to <u>stimulate</u> / <u>create</u> discussion.
１台のコンピュータを班で共有してください。	Share a computer in a group.

まず、できるだけたくさんの世界一を探しましょう。	First, try to find as many world records as possible.
次に、プレゼンを作るために、その中から1つを選んでください。	Next choose one of them to make presentations about.
写真があれば、スライドに貼りつけてもかまいません。	If you find some pictures, you can paste them on your slide.
20分後にクラスの前でプレゼンをしてもらいます。	In 20 minutes, each group will make presentations in front of the class.
プレゼンの時間は1分間です。	You have 1 minute for the presentation.
プレゼンにパワーポイントを使ってもかまいません。	You can use Power Point for your presentation.

8 ライティングを学ぶ1
ゲームで楽しく書く「Word Relay」

読めたら次は、書けるように

　音読などで、読むことができるようになった単語は次は、書くことを意識させましょう。はじめは単語レベルで書くことに慣れさせましょう。ここでは、中学校の初期に使えるWord Relay Gameという単語しりとりのゲームを紹介します。

活動の指示

それではワードリレーゲームをしましょう。	Now let's start a word relay game.
4人組／6人組のグループをつくりなさい。	Make a group of four / six.
それぞれのグループに紙を1枚渡します。	I'll give you a piece of paper for each group.
じゃんけんをしましょう。	Play rock-scissors-paper.
勝った人は紙に1つの英単語を書いてください。	Winners will write one English word on the paper.
次の生徒は前の単語の最後の文字で始まる単語を書かなければいけません。	Next students have to write a word using the last letter of the previous word.

例えば、appleの次はelephant, table …。	For example, apple – elephant – table … .
時計回りに紙を回しましょう。	Pass the paper in a clockwise direction.
一番たくさんの単語を書いたグループが勝ちです。	The group that wrote the most words is the winner.
辞書／教科書を見てもかまいません／見てはいけません。	You <u>can</u> / <u>can't</u> look at your <u>dictionaries</u> / <u>textbooks</u>.
このゲームは5分間です。	I'll give you 5 minutes for the game.
準備はいいですか？　はじめ！	Are you ready? Ready go!
書くのをやめてください。	Stop writing!
他のグループと紙を交換してください。	Exchange the paper with another group.
スペルをチェックして正しい単語を数えてください。	Check the spelling and count the correct words.
そのグループはいくつの単語を書きましたか？	How many words did the group write?

黒板に書かせる

それぞれのグループから1人、黒板に来て1つの単語を書いてください。	A player from each group come to the board and write a word.
チョーク／マーカーを次の生徒に回してください。	Pass the <u>chalk</u> / <u>marker</u> to the next student.

9 ライティングを学ぶ2
みんなで完成させる!「Story Making」

センテンスをつなげて物語に

　Story Makingは、指示されたセンテンスから始まる物語をグループで文を足しながら作っていく活動です。例えば"Tom went to the park yesterday."が黒板に書かれたら、意味がつながる文を1人ずつ考えていき、リレー形式で物語を完成させます。最後にできた物語を発表したり、絵本にしたり、劇化したりします。

例　Teacher: Once upon a time…　(板書する)

Student A: There was a dragon.
Student B: The dragon's name was Douglas.
Student C: Douglas was believed to be a very angry dragon.
Student D: However, that was not true.
Student E: He was actually a very nice dragon.
Student F: Douglas loved to give hugs and…

活動の確認

ストーリーメイキングを始めましょう！	Let's start Story Making!
4人組をつくりましょう。	Let's get into a group of four.
それぞれのグループに紙を1枚渡します。	I'll give you a piece of paper for each group.
黒板に最初の文を書きます。	I'll write the first sentence on the board.
最初の生徒はそれに1文加えます。	The first student will add one sentence to it.
物語を作っていくために1文を書かなければなりません。	You should write a sentence to make a story.
物語の絵をイメージすれば、文を作る助けになります。	If you image a picture of the story, it will help you to make a sentence.
文を作るのに、5W1Hを意識しましょう。	Keep 5W1H in your mind to make a sentence.
5分後にそれぞれのグループに物語を読んでもらいます。	In 5 minutes, each group will read your story.
5分後にそれぞれのグループで物語の絵を描いてもらいます。	In 5 minutes, each group will draw pictures of the story.
物語を作った後、それぞれのグループで物語を演じてもらいます。	After making a story, each group will perform their story.

10 ライティングを学ぶ3
論理的にまとめられる!「OREO Writing」

論理的な文章を書くために

　OREOはO（Opinion）、R（Reason）、E（Explanation, Example, Evidence, Experience...）、O（Opinion）の略です。この順番で文章を書いていくと論理的にまとまりのある文章になります。O（Opinion）の代わりにPをPointとしてPREPと表すこともあります。アメリカではお菓子の名前のように覚えやすく、広く親しまれています。

Opinion	
In my opinion ... / My favorite ... / I think ... / I believe ...	
Reasons	Explanations
First, … / To begin with... Second, … / Next, ... Most importantly ... Finally, … / One last reason ...	For example, ... In fact , ... According to ..., In other words, ... Additionally, ...
Opinion	
In conclusion, ... / To sum it up, ... / To summarize, ...	

例 Simple example of OREO Writing

O: Strawberries are my favorite food.

R: They are so sweet and delicious.

E: I can eat them for a snack or dessert and they are healthy.

O: My favorite food is strawberries.

活動の確認

今日はあなたの好きな季節について書いてもらいます。	Today I want you to write about your favorite season.
英語の文章を書く時はいつもOREOを思い出してください。	When you write an English passage, you should always remember OREO.
Oはopinion「意見」です。あなたの意見から始めてください。	O is "opinion". Start with your opinion.
Rはreason「理由」です。意見に対しての理由を述べてください。	R is "reason". Give a few reasons for having this opinion.
Eはexplanation「説明」です。意見を支える説明をしてください。	E is "explanation". Give explanations to support your opinion.
ここで、例や経験、証拠をあげてもかまいません。	You can give examples, experiences and evidence here as well.
Oは再びopinion「意見」です。もう一度あなたの意見を述べましょう。	O is "opinion" again. Restate your opinion.

11 ライティングを学ぶ4
モデルがあると生徒は書きやすくなる！

モデルの表現から、自己表現へ

　ライティングの活動の一番のネックは、「書くことがない」生徒への対応です。どの生徒でも、テーマによっては書く内容が思いつかない場合もあります。そこで、モデル文を提示し、自己表現につなげていく方法を紹介します。

ワークシートを使う場合

　同じテーマで意見の異なるエッセイの書かれたワークシート２種類（worksheet A / worksheet B）を作成します。例えば、「制服は廃止すべき」というテーマで、worksheet Aには賛成の意見、Bには反対の意見を載せたエッセイを作ります。

worksheet A	worksheet B
I agree with this opinion. I have two reasons. 　First, …	I disagree with this opinion. I have two reasons. 　First, …

それぞれのペアに２種類のワークシートを渡します。

I'll give you two different worksheets for each pair.

右側の生徒はワークシートＡを使います。	Students on the right will use worksheet A.
左側の生徒はワークシートＢを使います。	Students on the left will use worksheet B.
意見を理解するために、２分間ワークシートを読んでください。	Read your worksheet to understand the opinion for 2 minutes.
右側の生徒はワークシートをパートナーに読んでください。	Students on the right will read your worksheet to your partners.
左側の生徒はよいリアクションをしてください。	Students on the left will make good reactions.
交代です。左側の生徒はワークシートを読んでください。	Switch parts. Students on the left will read your worksheet.

スライドを使う場合

　異なる意見をスクリーンに提示します。最初はペアの右側の生徒のみスクリーンを見て、左側の生徒は顔を伏せます。右側の生徒はスクリーンの意見を左側の生徒に伝えます。要領はワークシートの場合と同じです。

右側の生徒はスクリーンの意見を読むことができます。	Students on the right can read an opinion on the screen.
左側の生徒はスクリーンを見てはいけません。	Students on the left, don't look at the screen.
右側の生徒は意見をパートナーに読んでください。	Students on the right, read the opinion to your partners.

2つの意見を示すモデルの例

> **Topic**: Which do you like more, country living or city living?

中学生レベル　Junior High School Level

O: I like the countries more, The air is cleaner. **R**: There are fewer cars in the country. **E**: With fewer cars the air does not get as dirty. **O**: Therefore the air is cleaner in the country.	**O**: I like cities. The city is more fun. **R**: There are more things to do in the city. **E**: I can easily go to the movies, karaoke, shopping, or do many other activities **O**: Therefore there is more fun to be had in the city.

高校生レベル　High School Level

O: Living in the country is cheaper. **R**: There is more of a demand for housing in the city. **E**: As many people demand housing, prices can be higher making living expenses quite high. **O**: Thus, living in the country is less expensive.	**O**: The city provides more opportunities. **R**: In the city, there are many jobs, schools, and activities. **E**: I can choose if I would like to work or go to school and I have a wide variety of jobs and schools to choose from. **O**: This is why living in the city gives people more opportunities.

Topic: Which do you like more, writing letters or e-mails?

中学生レベル　Junior High School Level

O: Letters show more feelings.

R: Writing a letter takes more time, so we have to think deeply about the other person.

E: I only write letters to important people like friends or family. However, I often write e-mails to people I don't know very well.

O: Therefore letters are more caring than e-mails.

O: E-mails are fast.

R: Sending an e-mail only takes a few minutes to write and is sent right away.

E: We can quickly write an important message and the other person will get it soon. However, a letter takes more time to write and a long time for the person to get it.

O: Therefore, e-mails are very fast.

高校生レベル　High School Level

O: Letters show more affection.

R: Writing a letter requires a lot of time and thought.

E: When I receive a letter I feel loved and appreciated because the person took the time and put a lot of thought to put pen to paper.

O: Therefore, writing a letter is affectionate.

O: We can share information quickly with e-mail.

R: E-mails can be typed quickly and they are received instantly.

E: I can send an e-mail from anywhere in the world and the person will receive it within seconds. If I write a letter it takes days or weeks for the person to receive it.

O: Therefore, e-mail is a quick way to share information.

> **Topic:** Cell phones should be allowed in school.

中学生レベル　Junior High School Level

O: I agree with this opinion. Cell phones can help students learn. **R**: Students can use cell phones to research something or listen to audio files. **E**: I often use Google on my phone to find information or to listen to English programs. **O**: Thus, cell phones should be allowed in school because they can help students learn.	**O**: I don't agree with this opinion. Students can cheat using a cell phone. **R**: Students can text information and the answers of tests to each other. **E**: If class A takes a test before class B, they can use their phones to text their friends answers in other classes. **O**: This is why cell phones should not be allowed in school because students can cheat.

高校生レベル　High School Level

O: I agree with this opinion. Students can use cell phones in an emergency.

R: Cell phones allow students to call for help if there is a big problem.

E: If there is an earthquake, students can quickly call for help or support. They can also notify their family of their wellbeing.

O: Therefore, cell phones can save lives in an emergency.

O: I don't agree with this opinion. Cell phones are a big distraction for students.

R: Students pay more attention to games, social media, and other applications on their phone than on their homework.

E: Instead of studying during breaks or after school, students use the time on their cell phones. They also get distracted by the vibrating and noises of cell phones.

O: Thus, the distractions of cell phones are too great for students so they should not be allowed to use them at school.

12 ライティングを学ぶ5
みんなで見て回ろう「Gallery Walk」

Gallery Walk とは

　生徒が作った英作文のノートやシートをそれぞれの机の上に置き、全生徒が席から立ち、作品をギャラリー（画廊、美術館）のように見て回る活動です。感想を書き入れたり、よいと思った表現や間違っている表現にアンダーラインを引いたりしていきます。

ギャラリーウォークの活動の説明

ギャラリーウォークを始めましょう。	Let's start the gallery walk.
あなたの（ショート）エッセイを机の上に置いてください。	Put your (short) essays on your desks.
これから友達のエッセイを読んでもらいます。	Now I want you to read your friends' essays.
エッセイを読む時、3つの重要な約束があります。	When you read an essay, there are 3 important rules.
まず、異なった考えを読むのを楽しみましょう。	First, enjoy reading different ideas.
2つ目は、よい表現にはアンダーラインをし、下にgoodと書きましょう。	Second, underline the good expressions and write "good" under it.
3つ目は、短いコメントとあなたの名前を書きましょう。	Third, write your short comments and your names.
もし、文法や綴りの間違いを見つけたら、アンダーラインを引いてください。	If you find grammar or spelling mistakes, underline them.
文法の間違いにはGを、綴りの間違いにはSを書いてください。	Write G for grammar mistakes and S for spelling mistakes.
画廊の中ですから、静かにしなければなりません。	You are in a gallery. So you must be quiet.
エッセイを読みに教室の中を自由に歩きましょう。	Walk freely to read essays in the classroom.
できるだけたくさんのエッセイを読みましょう。	I want you to read as many essays as possible.

第6章

定期考査や振り返りに使える基本フレーズ！

この章では、定期考査や入試問題の指導を英語で進めていくフレーズを紹介します。定期考査を英語で出題する表現もまとめました。英語で行う授業の進んだ先に、英語で問う試験問題の作成にも挑戦しましょう。

1 定期考査など テストの振り返り

テスト後は重要な学びの場

　テストは復習が大切です。先生が一方的に解説をするのではなく、グループやペアで問題を振り返りながら、問題に対する理解を深めていくとよいでしょう。

活動の導入

中間考査に向けてよくがんばりましたね。	I know you worked very hard for the mid-term exam.
今日はテストの振り返りをしましょう。	Let's review the test today.
点数よりも、理解できているかを確かめる方が重要です。	Checking your understanding is more important than the score.
中間考査の問題用紙を持っていますか？	Do you have the question sheet of the mid-term exam?

ジグソー法で解答、解説の共有

4人組のグループをつくって、すべての問題を振り返ってください。	Make a group of four and review all the questions.

それぞれの問題の解説と日本語訳を壁に貼りました。	I put the explanations for each question and the Japanese translation on the wall.
8問あるので、それぞれの生徒は少なくとも2問の答えを理解してください。	There are 8 questions, so each student should understand at least 2 questions.
壁に貼ってある情報を読み、問題と解説を理解するのに10分与えます。	I'll give you 10 minutes to read the information on the wall and to understand the questions and explanations.
グループで問題を分担し、解説をチェックしましょう。	Share the questions in your group and check the explanations.
もし、問題の解説がわからなかったら、友達に聞いてもかまいません。	If you don't understand the explanation, you can ask your friends.
時間です。席に戻って、あなたが担当した問題の解説をしてください。	Time is up! Go back to your seat and explain your questions.

ベストな解答を作ろう

問題8を取り上げたいと思います。	Now I want to look at question 8.
それぞれのグループで問題8に対する模範解答を作ってください。	I want each group to make the best answer for question 8.
模範解答を作るのに5分与えます。	I'll give you 5 minutes to make the best answer.
では、各グループで1人が、黒板にベストな解答を書いてください。	OK. One student from each group will write your best answer on the blackboard.

2 入試問題に挑戦1
入試問題でプレゼンテーション

入試の自由記述問題はお題の宝庫

　最近の入試問題では、絵を自由に描写させたり、意見を自由に記述させたりする問題が増えています。これらをテーマに、スピーチなどの表現活動をさせてみましょう。表現活動が入試にもつながっていることを実感できます。入試問題であることを伏せ、活動後に実際の入試問題を見せるとよいでしょう。

2013年度東京大学前期より

入試問題
（略）左側の人物をX，右側の人物をYとして，二人のあいだの会話を自由に想像し，英語で書け。分量は全体で60〜70語程度とする。（略）XとYのどちらから始めてもよいし，それぞれ何度発言してもよい。

↓

授業でのタスク〈スキット〉
2人になったつもりで、会話を想像し、スキットで演じる。

2016年度一橋大学前期より 	**入試問題** Write 100 to 130 words of English about this picture. ↓ **授業でのタスク〈スピーチ〉** 絵から物語を作って、英語で説明する。
2016年度早稲田大学（法）より Although boxing has a history of over a hundred years as an Olympic sport, some people argue that boxing and other sports based on physical violence should have no place in the Olympics. Do you agree with this statement? Write a paragraph giving one or more convincing reasons to support your position.	**入試問題** ボクシングのオリンピック競技としての賛否を英語で書く。（解答欄の大きさから推察し、60語前後で書く必要がある。） ↓ **授業でのタスク〈スピーチ〉** 1分間で自分の考えを簡潔に述べる。この場合も、Opinion→Reason→Evidence/Example→Opinionの順番で、意見を述べていくとよい。

　絵や写真を描写する問題は、リーディングの時に行われるGuess Work（絵を見て内容を想像する活動）やOral Presentation（絵を使って、学んだことを発表する活動）に慣れていると、取り組みやすいものです。また、自由英作文は構成を整えるのを難しいと感じる生徒も多いので、OREOの順番（P.132参照）で英文を構成していくことに中学時代から慣れさせるとよいでしょう。

3 入試問題に挑戦2
入試問題でスキット作り

入試問題の対話文をスキットに

　大学入試センター試験をはじめ、入試問題には対話文が出題されることはよくあります。その対話文を使って、スキット（寸劇）を作り、演じると、対話文を体で理解することができます。ここでも入試問題であることを伏せ、活動後に実際の入試問題を見せるとよいでしょう。

入試問題の例

〈2007年度センター試験より・一部改題〉

Mari: This is really a gorgeous restaurant, isn't it?
Katy: The dinner was great, too. How much should I pay?
Mari: Tonight, be my guest. Really, I insist. ☐
Katy: Thanks a lot.

1. It's on me.
2. It's 5,250 yen for each person.
3. I don't have much money.
4. Let's split the bill.

問題文の 󠄀󠄀󠄀󠄀󠄀󠄀 に正解である１. It's on me.を入れ、モデル文を作成します。

Mari: This is really a gorgeous restaurant, isn't it?
Katy: The dinner was great, too. How much should I pay?
Mari: Tonight, be my guest. Really, I insist. It's on me.
Katy: 󠄀󠄀󠄀󠄀󠄀󠄀

"It's on me."「僕のおごりだよ」と言われた後の文を自由に想像させて、スキットにします。このように、どこか１文を自由に発想させるようにして、スキット作りをさせるとよいでしょう。

〈2016年度センター試験より〉

Diego: Did you do the English homework? It was difficult, wasn't it?
Fred: Oh! I totally forgot about it.
Diego: You can do it during lunch time.
Fred: There's little point in even trying. 󠄀󠄀󠄀󠄀󠄀󠄀
Diego: <u>Don't give up. You need to pass English, right?</u>

1. I'm sure I can make it.
2. It'd be a waste of time.
3. Let me see what you can do.
4. You don't want to miss it.

この問題では 󠄀󠄀󠄀󠄀󠄀󠄀 に正解の２. It'd be a waste of time. を入れ、モデル文の下線部を自由に考えさせます。この場合、文脈から「励ます表現」に限定されます。限定される分、文脈をしっかり読み取る力にもつながっていきます。

4 定期考査や小テストに使える表現集

テストの出題も英語で

　GTECやTEAP、TOEFLなど英語の民間の試験では設問が英語で書かれています。大学入試でも設問が英語で書かれていることは珍しくありません。ふだんのテストから、英語の設問に慣れていくとよいでしょう。

テストの呼び方

1st mid-term examination	１学期中間考査
1st end-term examination	１学期期末考査
2nd mid-term examination	２学期中間考査
2nd end-term examination	２学期期末考査
Year-end examination	学年末考査
Routine examination	定例テスト
Interview test / examination	面接テスト
Speech / Presentation test	スピーチ／プレゼンテスト
Practice / Mock test	模擬試験
Written test	筆記試験
Makeup examination	追試

テストに関するTeacher Talk

これからテストを配ります。	I'm going to give you the test paper.
鉛筆と消しゴム以外は片づけてください。	Please put your stuff away except for pencils and erasers.
出席番号と名前を忘れずに書いてください。	Don't forget to write your student number and name.
全部で4ページあります。	You should have four pages in all.
ページが足りなければ教えてください。	If any pages are missing, let me know.
始めというまで何も書かないでください。	Don't write anything until I tell you to start.
残り5分です。	You have 5 more minutes to go.
時間です。やめてください。	Time is up. Please stop now.
答案用紙を裏返しにしてください。	Turn the answer sheet over.
パートナーと解答用紙を交換してください。	Exchange your answer sheet with your partners.
パートナーの解答をチェックしてください。	Check the partners' answers.
後ろから前に解答用紙を集めてください。	Please collect the answer sheets from back to front.
テストに向けてよくがんばりました。	You did very well for the test.
テストは難しかったですか？	Was the test / exam difficult?

平均点は72点です。	The average score is 72.
最高点は98点でした。	The highest score was 98.
30点以下は追試をします。	I'll give a makeup test for those who scored under 30.
もし採点ミスがあったら私のところへ持って来てください。	If there are any grading mistakes, bring them to me.

よく使う設問のフレーズ

①一般的な指示

空欄（1）に適切な語を入れなさい。	Fill in the blank (1) with an appropriate word.
4つの選択肢から最もふさわしい答えを選びなさい。	Choose the best answer from the four choices.

②聞き取り　Listening

それぞれの文章に1つの質問があります。質問に対する最も適切な返答を選びなさい。	Each passage will have one question. Choose the best answer to each question.
それぞれの会話の後に1つ質問が続きます。質問に対する最も適切な返答を選びなさい。	Each dialogue will be followed by one question. Choose the best answer to each question.
それぞれの文章の後に4つ質問が続きます。質問に対する最も適切な返答を選びなさい。	Each passage will be followed by 4 questions. Choose the best answer to each question.

③読解　Reading

次の物語を読んで質問に答えなさい。	Read the following story and answer the questions.
次の文章を読んで、空欄に入る最も適切な語、または語句を４つの選択肢から選びなさい。	Read the following passage and choose the best word or phrase from among the four choices for each blank.
次の文章を読んで、本文の内容と一致するものを選びなさい。	Read the following passage and choose the items corresponding to the content.
本文の内容に一致したものを２つ選びなさい。	Choose two statements that agree with the text.
次のうち、本文のタイトルとして適切なものを選び番号で答えなさい。	Write the number of the statement that will make a good title for the text.
下線部（１）と同じ意味の語を文中から見つけなさい。	Find a word in the passage that has the same meaning as the underlined part (1).
次の物語を３００語以内で要約しなさい。	Summarize the following story in 300 words or less.
下線部（B）はどんな意味か１００字以内の日本語でまとめなさい。	Sum up what the underlined part (B) means in under 100 Japanese characters.

④英作文　Writing

次の質問に対する適切な答えを書きなさい。	Write appropriate answers to the following questions.
「チームワークの重要性」について、300語ほどの作文を書きなさい。	Write an essay of about 300 words on "The Importance of Teamwork."
下のＥメールを読み、適切な返事を書きなさい。返事は100語程度で書きなさい。	Read the e-mail below and write an appropriate response. Your response should be around 100 words in length.

⑤文法、その他

次の文を完成させるのに最も適切なものを１つ選びなさい。	Choose the most suitable answer from those below to complete the following sentence.
それぞれの文を完成させるのに、最も適切な語や語句を４つの選択肢から選びなさい。	To complete each item, choose the best word or phrase from among the four choices.
単語を並べ替えて正しい順番にしなさい。	Arrange the words in the correct order.
それぞれの２つの文が同じ意味になるように、空欄に適切な語を入れなさい。	Insert an appropriate word into the blanks so that the two sentences of each pair have the same meaning.
次の文で、もし誤りがあれば直しなさい。	Correct the errors, if any, in the following sentences.
それぞれの文を完成させるのに、最も適切な語や語句を４つの選択肢から選びなさい。	To complete each item, choose the best word or phrase from among the four choices.

第7章

生徒にあらかじめ教えておきたいフレーズ集

この章では、英語で授業を進めていくために、生徒に教えておきたいフレーズを集めました。授業での日常的なやり取りを積極的に行い、これらのフレーズを生徒が繰り返し使えるように意識しましょう。

授業前に使える表現

田中先生、教科書を忘れました。	Mr. Tanaka, I forgot my textbook.
田中先生、宿題を持ってくるのを忘れました。	Mr. Tanaka, I forgot to bring my homework with me.
今日の授業で辞書を使いますか?	Will we use dictionaries in today's lesson?
ノートを忘れてしまいました。紙を1枚いただけますか。	I forgot my notebook. May I have a sheet of paper?
安部さんは保健室にいます。	Ms. Abe is in the nurse's room.
西村くんは今日お休みです。	Mr. Nishimura is absent today.
彼/彼女は風邪をひいていてお休みです。	He / She is absent because he / she has a cold.
彼/彼女がなぜ休んでいるのかは知りません。	I don't know why he / she is absent.
遅れてすみません。	I'm sorry I'm late.
頭痛がするので、保健室に行ってもよいですか?	May (Can) I go to the nurse's room? I have a headache.
ロッカーに辞書を取りに行ってもよいですか?	May (Can) I go to my locker to get my dictionary?
前の授業のワークシートをいただけますか?	May (Can) I have the worksheet of the previous lesson?
どこに座ったらよいですか?	Where should we sit?
出席番号順に座るのですか?	Should we sit according to our student number?

授業のスタート時に使える表現

田中先生、ここは前の授業でやりました。	Mr. Tanaka, we did this part in the previous lesson.
田中先生、宿題は集めないのですか？	Mr. Tanaka, didn't you collect the homework assignment?
もっとゆっくり話していただけますか。	Could you speak more slowly?
もう一度言ってもらえますか。	Could you say that one more time?
もう少し大きな声で話してください。	Could you speak a little louder?

ワークシートを配る時の表現

すみません、ハンドアウト／ワークシート／コピーが1枚足りません。	Excuse me, I want one more handout / worksheet / copy.
1枚ハンドアウト／ワークシート／コピーが余っています。	There is one extra handout / worksheet / copy.
3枚余っています。	There are three extra ones.
これは白紙です。	This is a blank sheet. / This one is blank.
コピーを新しいものと交換していただけますか？	May I exchange this copy for a new one?
同じものが2枚あります。	I have two sheets of the same paper.

わからない時の表現

質問してもよいですか？	May I ask you a question?
今、何ページをやっていますか？	What page are we on now?
わかりません。	I'm afraid I have no idea.
少し考えさせてください。	Please let me think for a while.
今、何をすればよいのですか？	What should we do now?
問題の意味がわかりません。	I don't understand the question.
なぜこの答えはだめなのでしょうか？	Why is this answer wrong?
この単語が読めません。	I can't read this word.
田中先生、字が小さすぎて読めません。	Mr. Tanaka, your writing is too small to read.
今、どこをやっているのですか？	Where are we now?

お願いをする時の表現

辞書を使ってもよいですか？	Can I use my dictionary?
この単語を発音していただけますか。	Could you pronounce this word?
その単語をもっとゆっくり発音していただけますか。	Could you pronounce / say the word more slowly?
私の発音を直していただけますか。	Could you correct my pronunciation?
（この質問の）答えを教えてください。	Could you tell me the right answer (to this question)?

それを黒板に書いていただけますか。	Could you write it on the board?
ヒントを教えてください。	Could you give us some hints?
日本語を使ってもよいですか？	May I use Japanese?

ペアワーク、グループワークに関する表現

すみません、ペアがいません。	Excuse me, I don't have a partner.
誰とペアを組めばよいですか？	Who should I pair with?
どちらが先にやりますか？	Who should start first?
ペアは自由でよいですか？	Can we make pairs freely?
男女混合のグループをつくるのですか？	Should we make boy-girl groups?
4人組のグループをつくるのですか？	Should we make a group of four?
5人組でもよいですか？	Can we make a group of five?
次は誰の番ですか？	Whose turn is next?
私の／あなたの／渡辺くんの番です。	It's <u>my</u> / <u>your</u> / <u>Mr. Watanabe's</u> turn.

体調に関する表現

田中先生、気分が悪いです。保健室に行ってもよいですか？	Mr. Tanaka, I feel sick. May I go to the nurse's room?
頭が痛い／お腹が痛い／熱があります。	I have a headache / stomachache / fever.
田中先生、吉田さんの具合が悪そうです。	Mr. Tanaka, Ms. Yoshida looks sick.
風邪をひいている／喉が痛いので、大きな声でしゃべれません。	I can't speak louder because I have a cold / sore throat.
暑いです。上着を脱いでもよいですか／窓を開けてもよいですか？	It's hot. May I take off my jacket / open the window?
寒いです。コートを着てもよいですか／窓を閉めてもよいですか？	It's cold. May I put on my coat / close the window?

宿題に関する表現

すみません。宿題を忘れました。	I'm sorry. I forgot to do my homework / assignment.
明日持ってきてもよいですか？	May I bring it tomorrow?
宿題の提出期限はいつですか？	What is the due date for the homework / assignment?
ノート／レポート用紙に書くのですか？	Should we write it on our notebook / report paper?
宿題はやったのですが、家に忘れました。	I did my homework, but I left it at home.

授業終わりに使える表現

今日の文法のポイントがわかりません。	I don't understand today's grammar point.
宿題で何をすればよいのかわかりません。	I don't understand what to do for the homework.
今日のポイントをもう一度説明していただけますか。	Could you explain today's point once again?
今日の授業をどう復習すればよいですか？	How should we review today's class?
次の授業のために何をすればよいですか？	What should we <u>do</u> / <u>prepare</u> for next class?
スピーキングテスト／プレゼンテーションテストはいつですか？	When is the <u>speaking</u> / <u>presentation</u> test?

放課後に使える表現

すみません。お時間はありますか？	Excuse me. Do you have <u>time</u> / <u>a minute</u>? / Are you free, right now?
お願いがあるのですが。	May I ask you a favor?
放課後、職員室にいますか？	Will you be in the teachers' room after school?
伊藤先生、いつお時間がありますか？	Mr. Ito, when will you be free?
私の論文／作文／スピーチをチェックしていただけますか。	Could you check my <u>essay</u> / <u>writing</u> / <u>speech</u>?
スピーチを聞いて、アドバイスをいただけますか。	Could you listen to my speech and give me some <u>advice</u> / <u>tips</u>?

"big" と "large" の違いは何ですか？	What is the difference between "big" and "large"?
CDを貸していただけますか。	Could you lend me your CD?
リスニングの力をつけるにはどうしたらよいでしょうか？	How can I improve my listening ability?

　"Impossible is potential."「不可能とは、可能性だ」（モハメド・アリ）。「できないこと」は「できるようになること」です。僕は子どもたちの笑顔を見るとこの言葉を思います。皆で、笑顔で、失敗を楽しみならアクティブ・ラーニングの英語授業をつくっていきましょう。

●著者紹介

山本崇雄（やまもと　たかお）

東京都立武蔵高等学校・附属中学校指導教諭。2019年度より新渡戸文化学園小中学校・高等学校、横浜創英中学校・高等学校で英語教師として教鞭をとるかたわら、日本パブリックリレーションズ研究所主任研究員、アルクテラスClearコミュニティデザイナー、ゲイトCSR教育デザイナーなど複数の企業でも活動予定。2017年には日々変化する社会の中でも自律して行動できる子どもが育つ新しい教育のあり方を提案するプロジェクト「未来教育デザインConfeito」を設立。講演会、出前授業、執筆活動を精力的に行っている。検定教科書『NEW CROWN ENGLISH SERIES』（三省堂）の編集委員を務めるほか、著書に『なぜ「教えない授業」が学力を伸ばすのか』（日経BP社）、『「教えない授業」から生まれた英語教科書魔法のレシピ』（三省堂）『「教えない授業」の始め方』（アルク）、『学校に頼らなければ学力は伸びる』（産業能率大学出版部）ほか、監修書に『21マスで基礎が身につく英語ドリルタテ×ヨコ』シリーズ（アルク）がある。
※なお、カバーの著者の肩書きは発刊当時のものです。

●英文校閲
Mark Phippard（イギリス）
Stephanie Swanson（アメリカ）
Julian Boone（アメリカ）

使えるフレーズ満載！
All Englishでできる
アクティブ・ラーニングの英語授業

2016年12月17日　初版発行
2024年 4 月 2 日　 8 刷発行

著　者─────山本崇雄
発行者─────佐久間重嘉
発行所─────学　陽　書　房
　　　　　　　〒102-0072　東京都千代田区飯田橋1-9-3
営業部─────TEL 03-3261-1111　FAX 03-5211-3300
編集部─────TEL 03-3261-1112　FAX 03-5211-3301
　　　　　　　http://www.gakuyo.co.jp/

装丁／スタジオダンク　イラスト／尾代ゆうこ
本文デザイン・DTP制作／岸博久（メルシング）
印刷／加藤文明社　製本／東京美術紙工

© Takao Yamamoto 2016, Printed in Japan　ISBN 978-4-313-65324-5　C0037
乱丁・落丁本は、送料小社負担にてお取替えいたします。

好評の既刊！

はじめての アクティブ・ラーニング！ 英語授業
Active Learning for English Classes!

東京都立両国高等学校・附属中学校主幹教諭
山本崇雄

この方法なら、"4技能"が劇的に伸びる！

安河内哲也氏推薦！

日経新聞、読売新聞で話題の授業！

学陽書房

Ａ５判・128ページ　定価＝本体1,900円＋税

- 「これこそ４技能を伸ばす、新世代授業の技だ！アクティブ・ラーニングで生徒を釘付けにし、英語を好きにさせよう！」（安河内哲也氏）
- この授業で、生徒の英語力が驚異的にアップする！いままでになかった本がここに！